JN137679

日本を直撃する「複合崩壊」の正体

波乱相場に打ち勝つ賢者の投資戦略

EXPERT REVIEWS OF THE BEST INVESTMENT STRATEGIES 2019

植草一秀
KAZUHIDE UEKUSA

ビジネス社

まえがき

２００９年3月のリーマンショック後、株価最安値から10年の時間が経過する。この間、主要国の株価は歴史的な急騰を演じてきた。ニューヨークダウ＝４・1倍、日経平均＝３・５倍、ＤＡＸ30＝３・８倍の水準に上昇を続けてきた。この世界的株高がいま、変節点を迎えようとしている。

本シリーズの２０１８年版で２０１８年の波乱を警告した。同年1月末にニューヨーク株価の調整が始動し、これが主要国に波及した。日米独で15％内外の株価調整が発生した。しかし、日米株価はその後に反転上昇し、２０１８年10月にニューヨークダウは史上最高値を、日経平均株価は27年ぶりの高値を更新した。株価上昇の基調がなお続くとの期待が浮上した。

ところが、10月初めを転換点に再び世界の株式市場が大きく動揺した。きっかけは10月8日の上海総合指数急落だった。上海指数の下落を背景に10月10日、ニューヨークダウが急落。これがグローバルな株価連動安につながった。

一連の株価下落で、最も深刻な影響を受けているのが中国株価である。上海総合指数は1月末以降、下落し続け、下落率が30％を突破するとともに、重要な下値抵抗線であった２０１６年1月安値を下回ってしまった。

世界の金融市場が動揺し始めている。背景にあるのは、米国経済が完全雇用状況に到達してしまったと見られること、そのなかで、ＦＲＢ政策運営とトランプ大統領の意思疎通に齟齬が来され始めていること、そして、トランプ大統領が仕掛けた米中貿易戦争の余波が広がっていることである。

トランプ大統領は２０１６年11月の大統領選での劇的勝利によって第45代米国大統領に就任し、選挙中に掲げた政策公約を果断に実行してきた。「有言実行力」は高く評価されるべきだが、２０１８年に入り、その行動が、過剰になる側面を際立たせ始めている。これが、世界の金融市場が動揺し始めた主因の一つである。

他方、日本では安倍晋三氏が２０１８年９月の自民党総裁選で三選され、２０２１年秋までの任期を確保することになった。その２０２１年までの日本で、さまざまな重要イベントが予定されている。なかでも重要な意味を持つことになるのが、２０１９年夏の国政選挙と同10月に予定されている消費税増税である。

歴代政権は「消費税増税とともに去りぬ」という推移をたどってきた。２０１２年12月の第２次安倍内閣発足から丸６年の時間が経過して、いよいよこの政権に終わりの時期が到来することになるのか。金融市場分析の視点からも、この問題を無視できない。

２０１８年12月には「ＴＰＰ11」が発効することになった。安倍自民党は、２０１２年12月総選挙で、「ＴＰＰ断固反対」と大書したポスターを貼りめぐらせて選挙を戦ったが、その３

カ月後に安倍首相がTPP交渉への参加を決定した。トランプ大統領が誕生して米国がTPPから離脱。紆余曲折があったが、そのTPPがついに発効する。

欧州との間では日欧EPAが署名されており、日米の間では実質的なFTAである日米TAG（物品貿易交渉）が始動する。これらのメガFTAによって、日本の諸制度、諸規制が重大な改変に直面することになる。その中長期の意味と影響を、私たちは正確に知っておかねばならない。

メディアが歪んだアベノミクス絶賛情報を流布するから、人々は正確な知識を持ち得ない状況に置かれているが、日本経済が置かれた現状を、正確、かつ細密に知ることが重要である。アベノミクスで日本の一般市民は、下流へ下流へと押し流されている。その逆境のなかで、自らの命と生活を支えるために、強い覚悟と行動が必要になっている。

この現実を踏まえて本書では、世界の政治経済金融情勢、そして、日本の現実を詳細に分析、検証したうえで、金融大波乱を乗り切るための「賢者の投資術」を提示した。

メディアが流布する風説に惑わされることなく、現実を正確に把握したうえで、問題の本質を見抜き、未来を洞察することが必要である。本書が読者諸氏の堅実で的確な投資戦略構築に少しでも貢献できれば、筆者としてこれに勝る喜びはない。

目　次

3 安倍政権と日本のリスク

4 中国を中心とする地政学リスク

第2章　正念場を迎える日本経済

第3章　金融波乱の火種となるトランプ大統領とＦＲＢ

第4章　日経平均株価上昇の裏にある落とし穴

2―2018年12月発効が決まった「TPP11」

第5章　2019年波乱相場を勝ち抜く賢者の投資戦略

1―2019年のマーケットトレンド

2―それでも検討すべき株式投資

3―資産倍増の極意と鉄則

4―分散投資と先物取引、仮想通貨の可能性

本シリーズ2018年版

第1章

２０１９年に注意すべき五つのリスクファクター

1 ── 高値波乱局面の到来

現実化した2018年の金融波乱の実態

2018年10月10日のニューヨーク市場で、ニューヨークダウが前日比831ドル下落した。この流れを受けて、日経平均株価は10月11日に前日比915円の下落を演じた。さらにニューヨーク市場では、10月11日にも前日比545ドルの下落を示し、2万5052ドルまで値を下げた。主要国の株価は、サブプライム金融危機に伴う株価暴落局面の底値となった2009年3月9日から10日にかけての安値を起点に、長期上昇相場を形成してきた。

株価上昇はすでに9年半の歳月を経過している。2019年3月には、いよいよ満10年の節目を迎える。経済も金融も循環変動を繰り返すものである。100年に一度のバブルだけではなく、10年に一度のペースでのミニバブルが形成されてきた。バブル崩壊の原因はさまざまであるが、資産価格はときに急落を演じ、3割以上の暴落を出現させる。

2018年版TRIレポート『あなたの資産が倍になる』では、2018年の波乱を予測し

ＮＹダウ（直近1年）

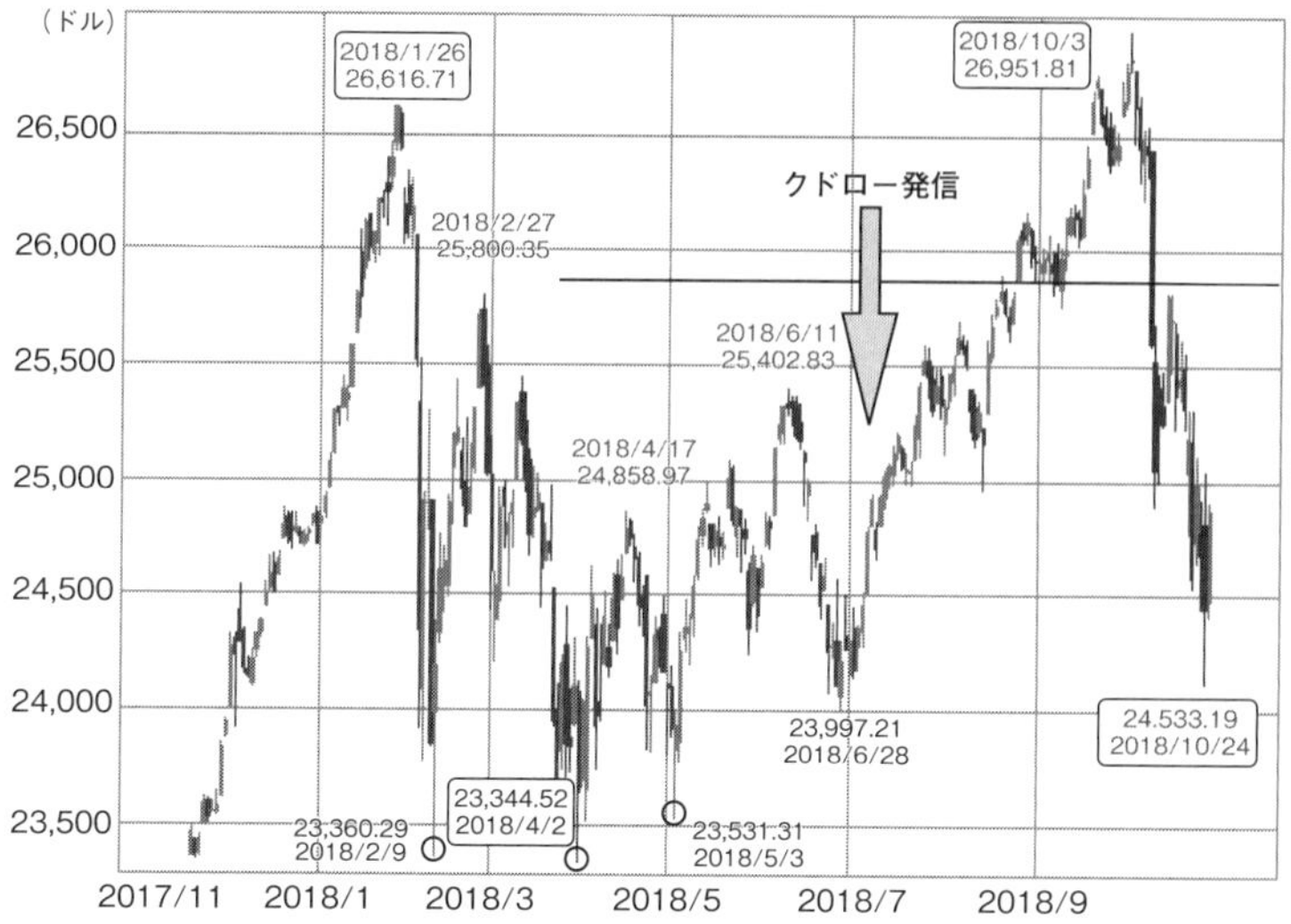

た。２０１８年は1月末から米国を震源地とする株価急落が表面化し、その調整を抜け出すのに7、8カ月の時間を要したのである。ニューヨークダウや日経平均株価がようやく1月の高値を更新した矢先に、再び株価急落という事態に見舞われた。日米の株価は堅調であったが、上海総合指数の調整は持続していた。上海総合指数だけは1月末の下落始動から、明確な株価底入れを形成できずに下値の節目である２０１６年1月の安値、２６３８ポイントに差し迫る推移を続けてきたのである。

２０１８年10月5日に、9月の米国雇用統計が発表になった。失業率は前月比０・2%ポイント低下の3・7%を記録した。この水準は、１９６９年12月以来、48年9カ月ぶりの低さである。米国経済が堅調な推移をたどるなかで、事実上の完全雇用が達成されていると判断できる。米国経済の成長は持続し、緩やかながらインフレ指標が上昇傾向を示してきた。経済の拡大にブレーキをかけなければ、インフレが亢進することになる。このインフレを回避するために、米国中央銀行のFRB（連邦準備制度理事会）はFFレート（フェデラル・ファンド・レート＝米国の代表的な短期政策金利）の引き上げを順次実施してきた。

2018年の金融市場の最大のリスクとして筆者は、難局に差し掛かるFRBの政策運営を挙げてきた。2018年2月にFRB議長が、ジャネット・イエレン氏からジェローム・パウエル氏に交代した。この交代を主導したのは、トランプ大統領である。イエレン氏は、実績、能力ともに申し分のないパフォーマンスを示してきたが、トランプ大統領はあえてイエレン氏を退けた。イエレン氏が民主党大統領であるオバマ氏によって選出されたことを嫌ったものだとも言える。

パウエル氏はFRB理事職にあり、金融政策の経験を積んできているが、根っからのエコノミストではない。法律の専門家であり、弁護士でもある。このパウエル氏をトランプ大統領がFRBのトップに据えた。パウエル新FRB議長がどのようにFRBを指揮するのか、市場に疑心暗鬼が広がったのは当然のことと言える。

そのパウエル新議長が率いるFRBがどのような政策運営を実行するのかに注目が集まったが、パウエル氏は、FRB議長就任後、3月、6月、9月と、3カ月ごとの利上げを、決定、

米国10年国債利回り（直近10年）

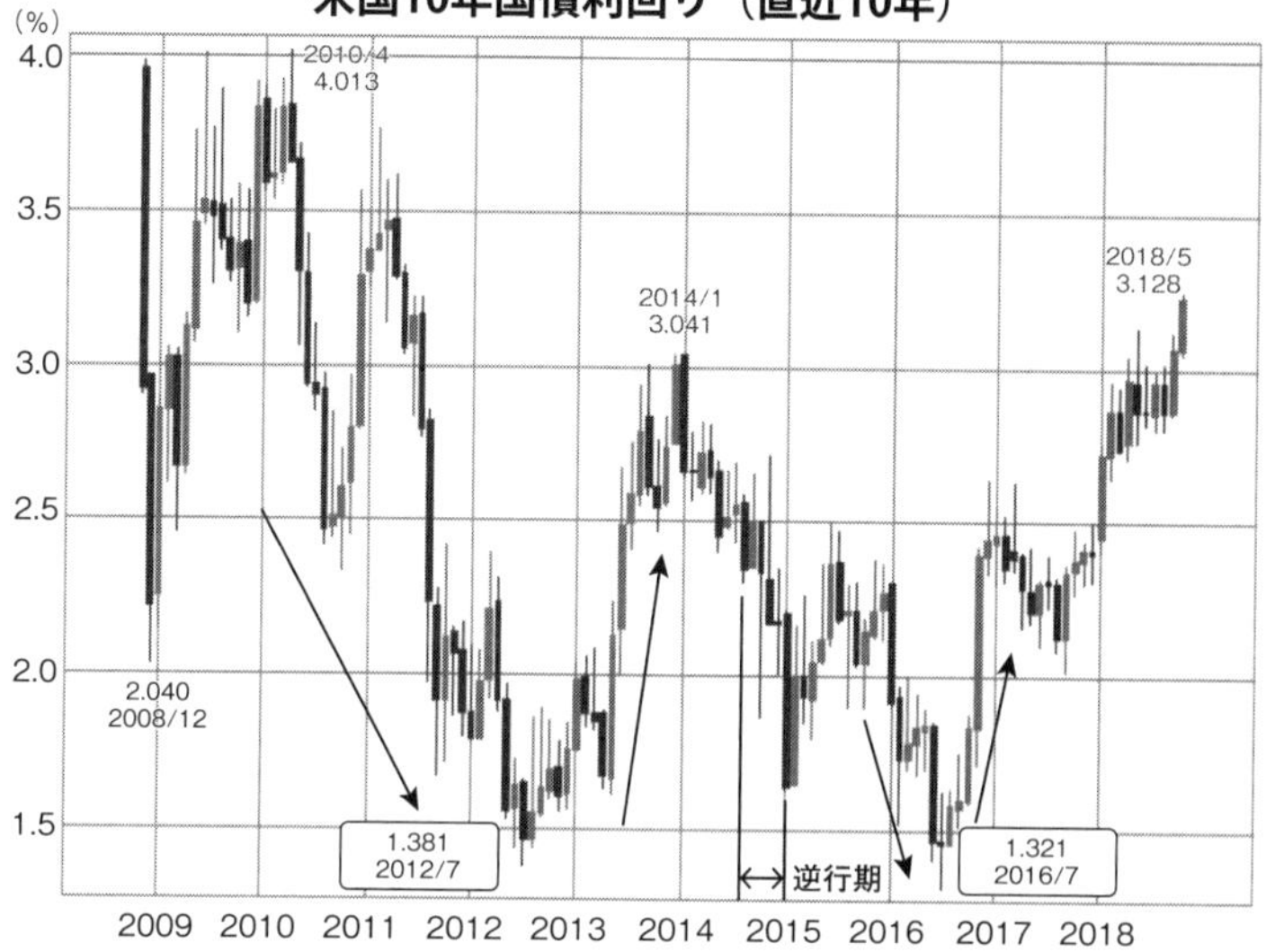

断行してきた。こうした金融引き締め政策の継続を受けるかたちで米国10年国債利回りが３%の節目を超え、２０１１年以来７年ぶりの高水準に達した。

米中貿易戦争による中国の景気減退

　こうした環境下でニューヨークダウの急落が生じた。10月12日には、ニューヨークダウは前日比２８７ドルの上昇を示し、株価急落が一息ついた形になったが、金融市場は不安心理を払拭しきれていない。主要国の株価は、２００９年３月を起点に９年半の長期上昇相場を形成してきた。その間、中規模調整が三度観測され、株価上昇は第一波動、第二波動、第三波動を形成し、２０１８年９月の高値更新により新たに第四波動に移行するのかどうか、注目を集めている。

２０１８年10月の株価調整のきっかけになったのは、上海総合指数の下落だった。中国の中央銀行にあたる中国人民銀行は、10月7日に本年4回目となる預金準備率の引き下げを決定した。これと併せて、中国人民銀行は1兆２０００億元（１７５０億ドル）の流動性を放出することを発表した。

その一方で中国政府は、２０１８年10月から年３２００億元（5兆２０００億円）規模の減税を実施する方針を決めた。中間所得者層に手厚い所得税減税等を行い、中国経済を支えるべく個人消費を底上げするためにこの政策が決定された。中国政策当局が中国経済の底割れを防ぐための政策対応を示すことは適正であり、極めて重要なものである。

２０１６年1月にかけて上海総合指数が急落した。２０１５年6月以降、中国株価が暴落に転じ、５１８６ポイントの株価水準が、２６３８ポイントへと暴落した。中国株価急落は、世界市場に大きな影響を与え、２０１６年初頭には「中国経済崩壊」「チャイナ・メルトダウン」の活字があふれ、中国経済崩壊を宣言する書籍が書店に山積みにされた。筆者は２０１６年版ＴＲＩレポート『日本経済復活の条件』で、中国株価、中国経済が底割れせず、緩やかに底入れを実現するとの見通しを示した。当時の状況下では圧倒的少数意見であった。

現実に中国株価は２０１６年1月に底入れを果たし、緩やかな回復を遂げていった。この２０１６年初頭の中国経済底入れを実現させた最大の背景は、２０１６年2月に上海で開催さ

上海総合指数（直近1年）

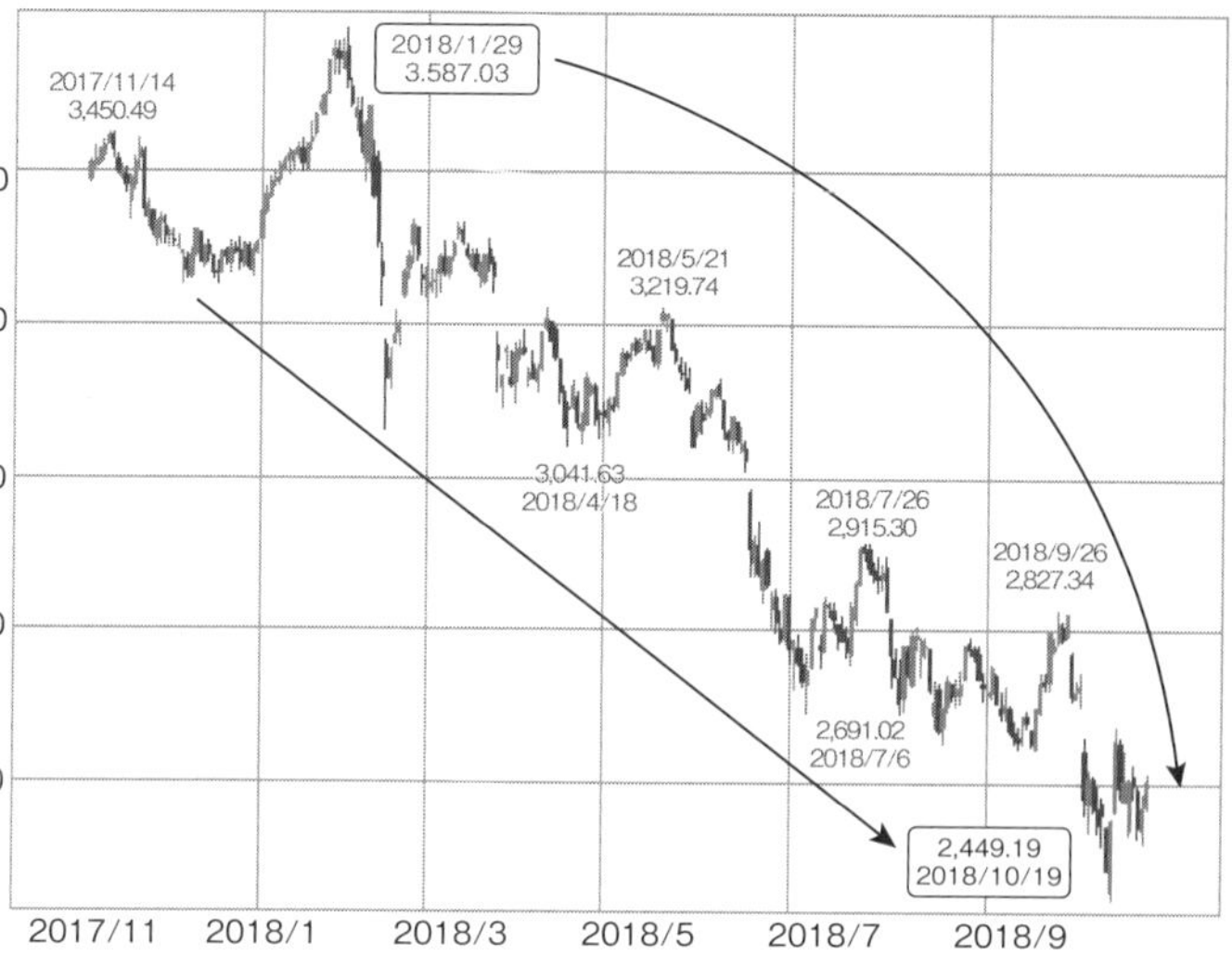

れたG20会合における決定である。G20参加国は世界経済の下方リスクを認識し、財政・金融・構造の政策を総動員することを決定した。この２０１６年2月のG20会合が事態を立て直す最重要の要因になった。この局面でも中国政府は、直ちに5兆円規模の減税を決定して実施したのである。

中国経済はいま、景気減速の圧力を受けている。そのリスクを緩和させるために、中国政策当局が、財政、金融両面からの対応を提示したのだ。

しかしながら、中国経済の先行きに対する見通しが徐々に厳しくなっている。10月7日の中国人民銀行による預金準備率引き下げの決定を受けた金融市場は、逆に10月8日に株価急落の反応を示した。10月8日に上海総合指数は、前日比１０５ポイント、３・７％下落した。そしてこの中国株価急落が、10月10日のニューヨークダウ急落の伏線になった。

背景にあるのは、言うまでもない、米中貿易戦争の激化である。トランプ大統領は米国の対中国貿易赤字を標的にしている。その赤字を減少させるため、中国からの輸入製品に対し、高率の制裁関税を上乗せすることを決定してきた。米国の中国からの輸入は年5000億ドル規模であるが、すでにトランプ大統領はその約半分にあたる輸入に対し、20％を超す高率の関税率を追加的に適用することを打ち出している。

中国を標的とするトランプ大統領の関税率引き上げ政策によって、中国経済は確実に下方圧力を受け始めている。その影響を緩和するために中国政策当局が預金準備率引き下げや減税などの対応を示しているのだが、中国当局がこのような積極的政策対応を示すこと自体が、中国経済が厳しい状況に追い込まれていることを示唆する。そのために、金融市場は中国政策当局の積極的な景気支援政策発動を受けて、かえって逆に中国経済に対する警戒感を強め、株価を急落させたと言える。

見落としてならないことは、中国経済が失速する場合には、その影響が米国にも跳ね返ることだ。世界経済は相互依存関係を強めており、中国の景気後退は米国に対しても景気悪化の影響を与える。ニューヨークダウは上海総合指数の大幅下落を受けて、さらに下落した。

ニューヨークダウは10月3日に2万6951ドルの史上最高値を記録したが、それから10日も経過しない10月11日に2万5052ドルの水準にまで値を下げた。10日足らずで2000ド

FFレートと米国株価の関係（1991~2015年）

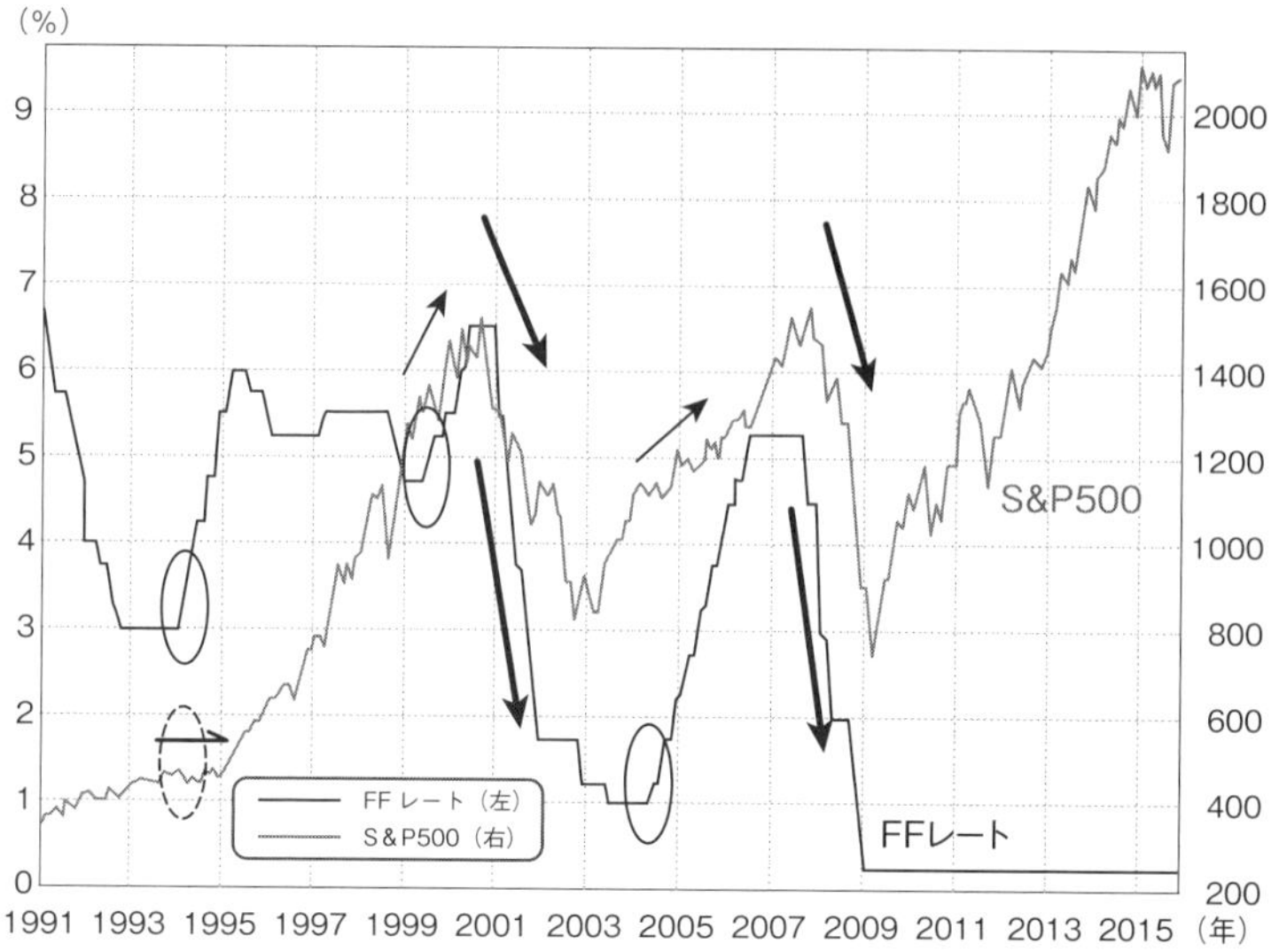

ルの急落を演じたのだ。

２００９年３月に始動した今回の株価上昇局面に関して、金融市場は、いずれこの長期上昇相場に終止符が打たれ、大規模調整が発生するのではないかと警戒している。過去30年の米国株価推移を検証すると、景気が急激な悪化に転じ、ＦＲＢが金融引き締め政策を金融緩和政策に転換する局面で株価が大規模調整を演じてきたことが分かる。２００９年３月以来、９年半に及ぶ長期株価上昇相場を経て、米国株価の大規模調整局面が近未来に迫りつつあるのではないかという「高値警戒感」が市場に広がっている。

日経平均株価、ニューヨークダウ、ＤＡＸ30の、直近10年間の株価推移を見ると、日経平均株価およびニューヨークダウ

日経平均株価（直近10年）

ＮＹダウ（直近10年）

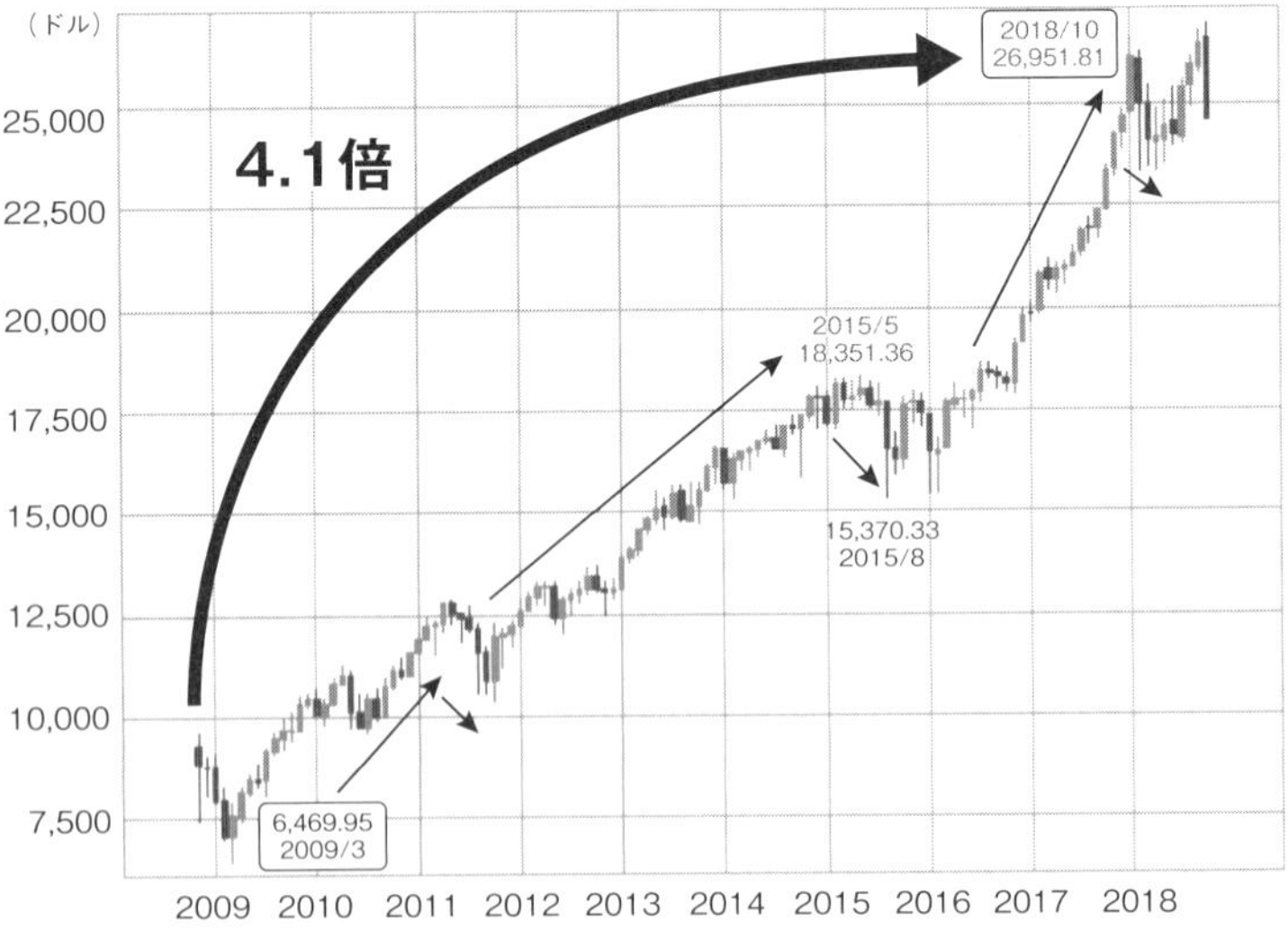

DAX30（直近10年）

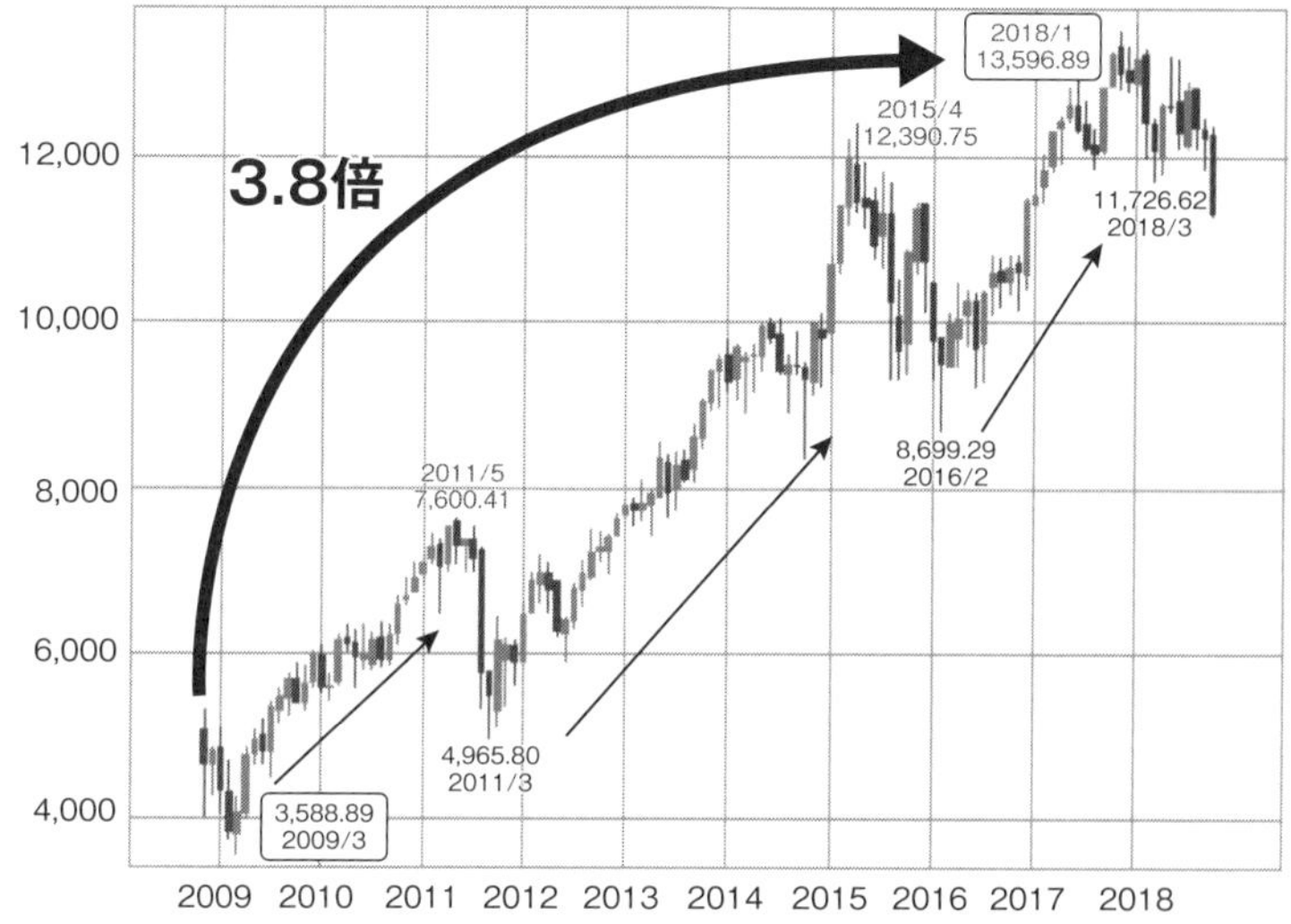

は、本年１月から９月の調整を経て高値を更新し、株価上昇の第四波動に移行しかかる兆候を示しているが、ＤＡＸ30は、１月の高値を更新できずに株価上昇第三波動が終了した状況になっている。本年の株価調整を越えて、新たな株価上昇波動、すなわち第四波動を形成していけるのか、それともＤＡＸ30が示唆するように、株価上昇波動がすでに終局に差し掛かりつつあるのかどうか、極めて重要な見極めどころに立ち至っている。

統一地方選と参院選のダブル選挙に潜む落とし穴

２０１９年に向けての金融市場には、いくつかの重要なリスクファクターが存在する。それらを整理して、その要点をあらかじめ提示しておこう。

第一のリスクは、米国リスクである。米国リスクには三つの主軸がある。それは、トランプリスク、ハイテク株価上昇リスク、そして景気減速リスクである。この米国の動向については、次節で詳しく考察する。

第二のリスクは、日本リスクである。日本は2019年に、極めて特殊な1年を迎える。各種イベントが目白押しなのである。このなかで安倍晋三氏は、2018年9月20日の自民党総裁選において、三選を果たした。安倍晋三氏は2006年から2007年にかけて政権を担ったことがある。第一次安倍内閣である。しかし、このときはわずか1年で退陣に追い込まれた。年金問題の処理を誤り、2007年7月の参院選で大敗を喫し、結局その余波を受けて退陣に追い込まれた。

第二次安倍内閣が発足したのは2012年12月である。民主党の野田佳彦首相が消費税増税に突き進んだ。消費税増税については、この野田佳彦氏自身が2009年8月30日の総選挙に際し、官僚の天下り利権を根絶せずに消費税を増税するのはおかしいことを、強く訴えていたものである。その野田佳彦氏が、官僚の天下り利権根絶に指一本触れぬまま、消費税増税に突き進んだ。

野田佳彦氏は政治上の反対勢力である自民党、公明党と手を握り、消費税増税を強行決定した。民主党政権を誕生させた主権者国民に、矢を放つ背信行為であった。2012年12月総選挙で野田民主党が爆死したのは言うまでもない。この野田佳彦氏によるこの自爆解散によって、安倍晋三氏が再び首相の座を手中に収めたのである。

その第二次安倍内閣発足から丸6年の時間が経過し、安倍氏が自民党総裁選で三選されたことから、2021年秋まで、さらに3年間の任期を得ることになった。しかし、自民党の新規定は総裁の多選は三選までとしており、2021年以降続投の可能性はない。安倍首相は2020年の東京五輪・パラリンピック時に首相の座に留まることを目標に据えてきたと考えられるが、その2020年までにも、まだいくつものハードルが存在する。

2019年において最大のハードルになるのが、7月に実施が予想される次の参議院議員通常選挙である。2019年は4年に一度の統一地方選挙と、3年に一度の参議院議員通常選挙が重なる年である。両者が同じ年に実施されるのは12年に一度のことである。その12年前の統一地方選挙と参議院議員通常選挙がダブル実施されたのが、2007年のことだ。

2007年の参議院選挙で安倍自民党が大敗した。年金問題の処理にてこずり、国民の批判が高まるなかでのことだった。これが第一次安倍内閣終焉の最大の要因になった。2019年7月頃に参議院選挙が行われる。統一地方選挙は4月に実施される。国政選挙においては、地方議会の議員が選挙活動の主軸を担う。しかしながら統一地方選が行われる年においては、地方議員が自らの当落がかかる地方選で精力を使い果たし、国政選挙において充分な活動を取れないケースが多いとされる。

消費税再増税と憲法改正の行方

日本の諸問題については、本章第3節で詳論することになるが、この参議院選挙を軸に、それ以外に、二つの重大な問題が横たわっている。それは、2019年10月に予定されている消費税再増税である。安倍内閣は2014年4月に消費税増税を断行した。税率を5%から8%へと引き上げた。筆者は2014年版TRIレポート『日本経済撃墜』に、消費税増税が日本経済を撃墜してしまうとの見通しを示した。

現実に日本経済は、2014年に撃墜されている。経済成長率は大幅にダウンし、客観的な定義に基づけば、日本経済は不況に転落している。日本政府は、景気回復および景気後退の認定を人為的に改ざんしているため、客観的データによれば景気後退局面に突入した2014年を、景気後退局面ではないとしている。その虚偽の景気認定がそのまま押し通されている。

この消費税増税を決定したのは、2012年8月のことで、決定を主導したのは野田佳彦氏である。この決定において消費税率は、5%の水準から8%水準を経て、10%の水準にまで引き上げられることが決められた。当初は2014年4月に5%から8%へ、2015年10月にさらに2%ポイント引き上げて10%にすることとされた。

仮にこの当初の予定通りに消費税増税が二段階で実施されたならば、日本経済は完全に崩壊してしまったと考えられる。２０１５年版ＴＲＩレポート『日本の奈落』は安倍内閣が消費税再増税に踏み切った場合、日本経済が奈落の底に転落する見通しを記したものである。この警告が安倍内閣の耳に入ったためであると考えられるが、安倍内閣は２０１４年11月、２０１５年10月の消費税再増税を２０１７年４月へと延期した。さらに、２０１６年６月、２０１７年４月の消費税増税を2年半延期して、２０１９年10月に実施することにした。この消費税問題を安倍内閣がどのように処理をするのか。この問題が残っている。

もう一つの課題は、憲法改正だ。安倍首相は２０１７年の憲法記念日にメッセージを発表し、東京五輪が開催される２０２０年に改訂された新しい憲法を施行する方針を示した。２０２０年に改正憲法を施行するには、２０１９年に国民投票で憲法改正が可決されなければならない。そのためには、２０１８年秋から冬の臨時国会において、憲法改正発議を行う必要がある。

２０１９年に国民投票が行われるのであれば、夏の参議院選挙と同時に行われることになると考えられる。しかしながら次章で詳述するように、憲法改正を実現する基礎的環境は整っていない。この問題にどう対応するのか。安倍首相は、いくつものハードルを越える必要に迫られている。

２０１９年は、その他にも国内において、さまざまなイベントが予定されている。最大のイベントは天皇退位と新元号の決定である。天皇即位は２０１９年５月１日とされた。２０１９年はこの５月１日を国民の祝日にする方針が示されている。そうなると、国民の祝日に挟まれる平日が休日とされることから、２０１９年は4月27日の土曜日から5月6日の月曜日まで、10連休になる。そして、10月22日には天皇即位の儀礼である即位礼正殿の儀が実施される。皇室関連の重要行事が多数行われる。

５月の10連休直後の６月末には大阪でＧ20会合が開催され、日本が議長国になる。さらに８月には、アフリカ開発会議が横浜で開催される。参議院議員通常選挙は、こうした日程を勘案したうえで、おそらく7月に実施されることになる。最も可能性が高い日程は、7月21日であると考えられる。7月の参議院議員通常選挙に安倍自民党が大敗すれば、「安倍下ろし」の動きが一気に噴出することになる。消費税増税問題とも絡み、政局と経済政策の変化が、２０１９年の経済、金融全体に重要な影響を与えることになる。

不安定な中国経済と欧州分裂危機

第三のリスクは、中国だ。米中貿易戦争の強風を直接に受けるのが中国である。中国では、２０１7年10月の共産党大会において、習近平体制が強化された。5年後の共産党大会で国家主席および首相に就任する候補が、中国政治最高幹部である共産党政治局常務委員に登用されなかった。すなわち、5年後の２０２２年の共産党大会で、さらに習近平氏が中国トップに留まる布石が打たれたのである。

上海総合指数（直近5年）

２０１８年３月の全人代において、主席の任期を２期10年に制約する条項が憲法上、削除された。さらに習近平氏の固有名詞入りの政治思想が憲法に明記された。この措置は毛沢東以来のものであり、習近平主席は毛沢東氏と並ぶ位置付けを制度的に確保したことになる。

習近平一強体制が確立され、政治状況の安定化がもたらされているが、この習近平体制にとって最大のアキレス腱になるのが、経済状況である。上海総合指数は２０１８年10月11日に、下値の節目である２６３８ポイントを下に抜けた。２０１８年９月30日に発表された９月の製造業ＰＭＩ（購買担当者景気指数）は、景気回復の分かれ目になる50・0ポイントちょうどまで下落した。中国の政府および民間の債務が拡大し、経済悪化、資産価

中国製造業PMI（直近5年）

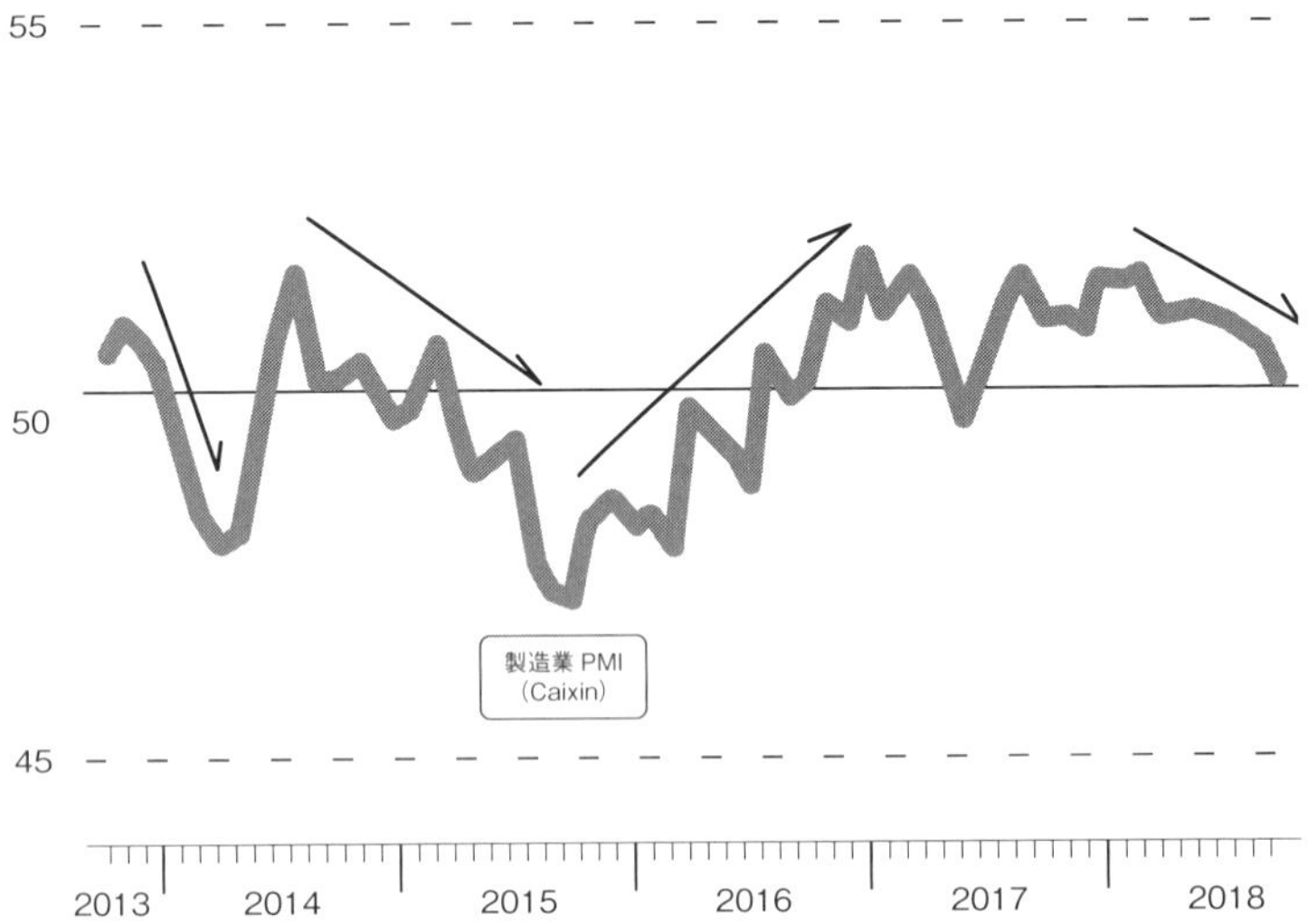

格下落が進行すれば、１９９０年代以降の日本と同様の巨大な不良債権問題が噴出するとの懸念も強い。この中国経済が２０１９年にどのような変化を示すのか、これが第三のリスクである。

第四のリスクは、欧州政治経済金融情勢である。２０１６年６月23日の国民投票で、英国の主権者は英国のＥＵからの離脱を決めた。その後、英国がどのような手順とルールによってＥＵから離脱するのかが、英国とＥＵとの間で協議されてきた。

しかしながらその協議は難航し、いよいよ最終期限が迫りつつある。ＥＵ側は、ＥＵから離脱する以上、英国に対し、貿易取引上等のさまざまな恩典を与えることはできないとの態度を示している。他方、英国内においては、ＥＵから離脱する際にＥＵと協議をし、

人民元円相場（直近5年）

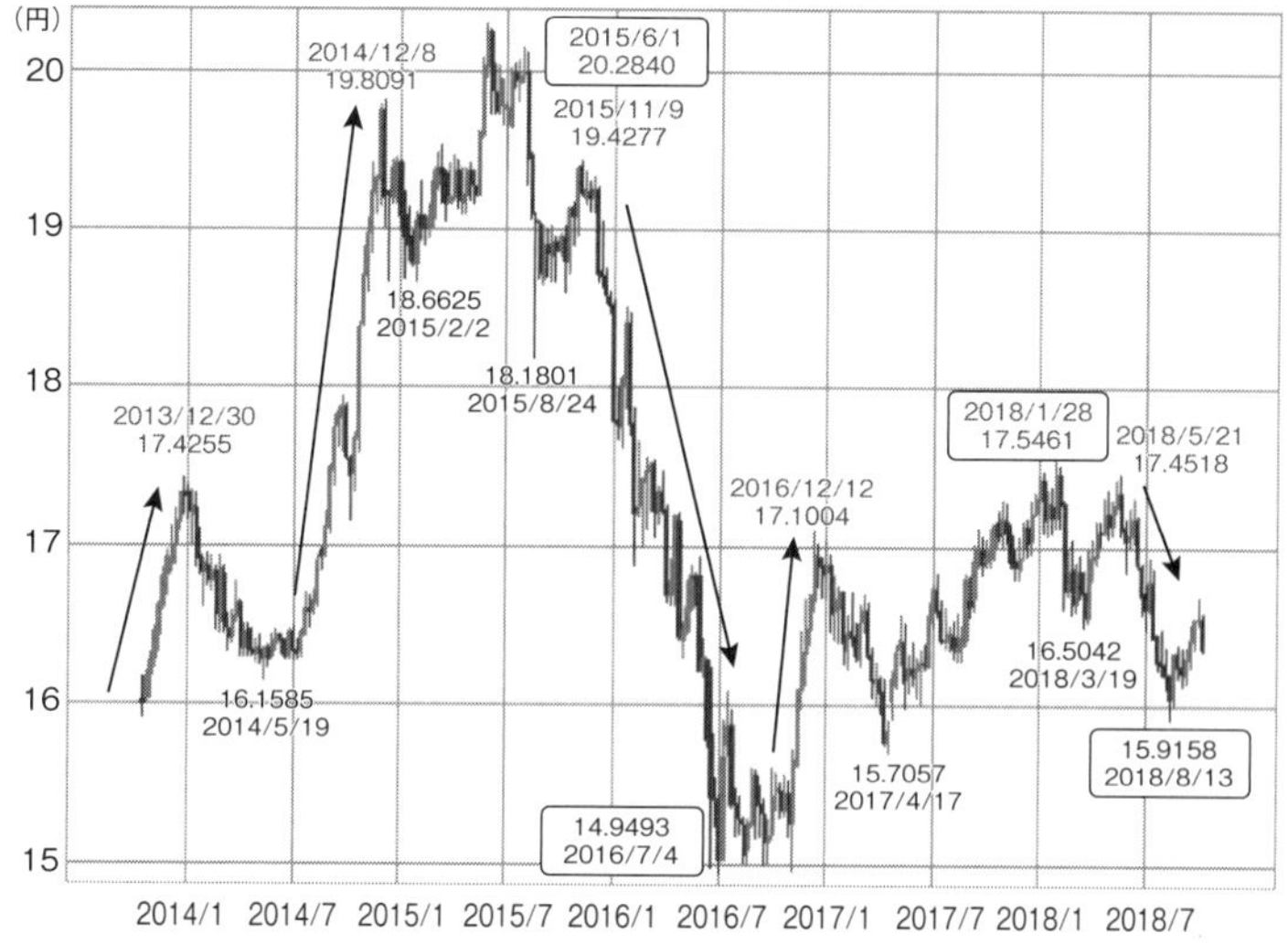

経済取引上の恩典を得る必要は必ずしもないとの強硬論が広がっている。ＥＵとの調和的な協定なしに英国がＥＵから離脱する、いわゆる「ハードブレグジット」の現実化が想定され始めている。

一方、２０１８年3月の総選挙で、イタリアに重大な変化が生じた。草の根民主主義勢力の五つ星運動と、移民排斥等を主張する右翼勢力である同盟が、総選挙で第一党および第二党に浮上し、このかなり質的に相違のある二つの勢力が連携して、連立政権を発足させたのである。

ＥＵは、ＥＵ加盟国に対し、厳しい財政運営ルールを強制しているが、これにイタリアが抵抗している。イタリアとＥＵの距離が拡大し、将来的にイタリアも英国に続きＥＵから離脱するとの観測さえ浮上している。

スペインではカタルーニャ地方の独立を弾圧してきた政権が汚職摘発により追放され、新しい政権が発足した。新政権はカタルーニャ地方の独立運動に対しても理解を示している。国境をまたぐ経済取引を拡大し、市場原理によって経済運営を仕切るというグローバリズムの大きな流れに対する抵抗が、欧州各地で広がり始めている。

一つの欧州を形成してきた要は、フランスとドイツである。フランスでは2017年4月の大統領選挙において、かろうじて中道右派のマクロン氏が決選投票に残り、新大統領に選出された。フランス大統領選挙では、極右勢力を代表するルペン女史と、急進左派を代表するメランション氏が有力候補として選挙戦に参画し、場合によってはルペン氏とメランション氏との間での決選投票になる可能性も浮上した。

現実にはマクロン氏とルペン女史が決選投票に残り、勝ったマクロン氏が新大統領に就任し、フランスのユーロ離脱、EU離脱という事態は回避された。しかしながら、欧州全域においてグローバリズムに対して抵抗を示す運動が拡大しており、これがEUおよびユーロに対する不安感を拡大させている。

緊張緩和する米朝関係と中東の火種

第五のリスクファクターは、それ以外の地域の動向である。

２０１８年最大のリスクファクターとして掲げられたのが、北朝鮮情勢であった。２０１７年の金融市場は、北朝鮮を軸に展開されたと言っても過言ではない。２０１７年３月から４月、そして２０１７年８月から９月にかけて、北朝鮮の暴発、あるいは、北朝鮮と米国との間での軍事紛争勃発が広く懸念された。

２０１７年10月に実施された衆議院総選挙は、２０１７年12月には北朝鮮と米国との間での戦乱が発生するため、先に選挙を済ませるためのもの、との説明も示されたほどである。筆者は２０１８年版ＴＲＩレポート『あなたの資産が倍になる』において、米国のトランプ大統領と北朝鮮の金正恩朝鮮労働党委員長が、合理的判断をベースに置く人物であるとの前提を置くならば、米国と北朝鮮との間での軍事紛争勃発の可能性は低いとの見解を示した。逆に、米朝首脳会談開催で事態が進展する可能性もあると指摘してきたのである。

この北朝鮮情勢については、２０１８年６月に、ついに米朝首脳会談が実現するという状況に到達した。米朝間の戦争終結宣言はまだ実現しておらず、北朝鮮の核廃棄についても明確な進展が確認されていない。今後もなお紆余曲折が予想される状態ではあるが、米朝間の戦乱勃発観測は大幅に後退している。

他方、筆者が警告を発してきたのは、中東情勢の緊迫化である。トランプ大統領は中間選挙への戦略から、イスラエルシフトを明確にしている。米国における宗教上の最大勢力は、キリスト教福音派である。キリスト教福音派は、親イスラエルの宗教勢力であり、トランプ大統領の選挙戦術の基盤を形成している。

トランプ大統領は、オバマ大統領が成立させたイランとの核合意から離脱し、イランに対する敵対姿勢を示している。トランプ大統領はイスラエルおよび中東における二大勢力の一方である、サウジアラビアとの距離を縮め、イスラエル、サウジ、米国連合による、イランへの圧力強化という基本路線を敷いている。その延長線上に中東における軍事紛争勃発のリスクが高まっている。このことが原油価格上昇傾向を支える要因として作用している。

こうした基本リスクファクターを念頭に入れ、そのなかで、2009年3月から9年半を経過した主要国の株価上昇波動が、いつ次の大規模調整局面に移行するのかについて、その可能性を、冷静にそして綿密に考察する必要がある。

2　トランプ米国のリスク

メディアが〝トランプ叩き〟を続ける本当の理由

２０１６年11月9日に、米国大統領選が実施された。事前のメディア予測は、クリントン女史勝利確実というものであった。この見通しは大統領選挙の投票日まで維持され、開票が行われた初期の段階においてさえ、クリントン勝利との確信が一般的に流布されていた。

筆者は、２０１６年11月10日、東京市場が開き、クリントン勝利を確信して株価が上昇する局面において、米国の世論調査、政治情勢をリアルタイムで伝える「リアル・クリア・ポリティクス」サイトを注視した。州ごとの開票状況がリアルタイムで掲載される。午前10時の時点で開票結果の数値を分析したうえで、トランプ氏勝利を判定した。市場の反応は筆者の判断から数時間遅れたものになったが、株価は急落に転じ、前日比１０００円の暴落を演じた。

選挙前、クリントンが勝利すればドルと株価は急騰、トランプが勝利することがあればドルと株価は暴落と伝えられていた。11月10日の東京市場ではトランプ勝利が明確になり、日経平均株価が一時、前日比1000円以上の下落を記録した。ところが、東京市場が引けて、ニューヨーク市場の取引が開始されると、ニューヨーク市場で株価が上昇して取引を終えた。トランプ勝利が株価暴落をもたらすとの見立ては、間違っていた。メディアが断定的に表現しても、事実と異なることは生じ得る。メディアの情報を鵜呑みにすることはできない。

株価上昇のニューヨーク市場を受けて、翌11日の東京市場では株価が暴騰した。この2016年11月の大統領選挙後、主要国の株価は記録的な上昇を遂げた。ニューヨークダウ、日経平均株価は2016年11月の大統領選挙から、2017年1月までに、約5割の暴騰を演じたのである。

トランプ大統領は過激な言説で知られているが、大統領選挙においては、大統領に就任した場合に実施する政策を一覧にして主権者に提示した。「米国有権者との契約」と題する公約集を明示し、配布したのである。配布したフライヤーには、トランプ大統領の署名がプリントされており、横に有権者が署名する署名欄が用意されていた。主権者がその欄に署名することにより契約書が完成するという、工夫された選挙チラシであった。

トランプ大統領は選挙戦のさなかから、自分が大統領に当選すれば就任初日にTPPから離脱することを明言していた。また、移民の入国に関し、規制を強化し不法移民を排除することも公約に明記していたのである。トランプ大統領は大統領に就任すると、公約通りにTPPからの離脱を決定した。また、入国規制の強化についても公約通りの対応を示したのである。

　ところがこうした動きに対し、米国メディアが一斉に激しいトランプ攻撃を展開した。全米各地でトランプ新大統領の政策対応が憲法違反であるとの提訴も行われた。主要メディアは、連日のように反トランプデモの模様を大きく報道した。

　このようなメディアの対応は極めて偏向したものであると言わざるを得ない。賛否両論があるにせよ、トランプ氏は選挙戦のさなかにおいて、各種政策公約を明示していた。そして、大統領選挙に勝利し正式に大統領に就任した瞬間から、主権者に対し明示していた公約を、矢継ぎ早に実行に移していったのである。選挙戦における政策公約と、当選後の行動との間における「有言実行」という基準に照らして言えば、トランプ大統領の行動は模範的であると言える。

　日本の安倍首相などは２０１２年12月の総選挙に際し、「ＴＰＰ断固反対」「ＴＰＰ交渉への参加に反対」と大書したポスターを貼り巡らせて選挙を戦ったにもかかわらず、選挙投票日から３カ月もたたぬ２０１３年３月に、ＴＰＰ交渉への参加を正式に決定した。安倍首相は〝言葉のアヤ〟を楯に自己正当化するが、この行為は主権者に示した公約を選挙から３カ月もたたぬ間に破棄するという、言語道断の行為であり、メディアがこのような一種の「政治詐欺」を徹底糾弾するのであれば、当然のことだと言える。

　しかしながら米国の場合、トランプ大統領は選挙戦で明示した公約を約束通りに実行していったのであるから、それをメディアが集中攻撃することは正当と言えず、新しい大統領に対して反対意見を表明する人々のデモだけを、ことさら大きく取り上げる報道姿勢も、正当性を欠くものであったと言わざるを得ない。

米国のメディアを支配しているのは、巨大資本である。この巨大資本は、トランプ大統領の存在を快く思っていない。米国の大統領は基本的には、米国を支配する巨大資本の支配下にある人物から選出される。大統領選挙で民主・共和両党の統一指名候補になるためには巨大な資金的裏付けが必要であり、その巨大な資金的裏付けを確保するプロセスのなかで、大統領候補は基本的に例外なく、巨大資本の支配下に入る。

しかしながらトランプ氏は自前資金で選挙活動を行ったため、米国を支配する巨大資本の支配下に移行しないまま大統領に就任した、稀有の人物であると言える。このために、トランプ氏は選挙戦のさなかも、大統領選挙当選後も、そして大統領就任後も、主要メディアから激しい攻撃にさらされ続けている。

就任1年半のパフォーマンスは極めて良好

トランプ大統領就任後、米国経済は「インフレなき成長」を持続してきた。さらにトランプ大統領は、米国経済の成長を促すためのマクロ経済政策の決定にも成功した。2017年末から2018年初頭にかけて、10年間で1・5兆ドル規模の減税政策、および、10年間で1・5兆ドル規模のインフラ投資の施策を決定にまでこぎつけた。

トランプ政権の政権運営に決定的な影響を与えたのは、最高裁の人事であった。議会上院は2017年4月7日に、欠員であった最高裁判事の9人目の人事を決定した。トランプ大統領が指名したニール・ゴーサッチ氏を議会が承認したのである。議会上院は、ゴーサッチ氏承認に際し、審議を打ち切る動議を可決してゴーサッチ氏の承認を強行した。

審議を打ち切る動議を可決するには、本来、上院議員全体の5分の3以上の同意が必要となるが、上院共和党はこの上院規則を変更し、単純過半数の賛成で可決できるようにしたうえで審議を打ち切り、ゴーサッチ氏を承認したのである。手続き的にはかなり強引な手法を採用したが、このゴーサッチ氏の最高裁判事承認により、最高裁の人員構成が共和党系5対民主党系4の構成に変わった。

トランプ大統領が打ち出した入国規制の強化等に対し、全米各地で引き起こされた違憲訴訟について最終的に判断を下すのは最高裁である。その最高裁が、共和党系と民主党系が4対4の構成のままでは最高裁の判定が示されない。最高裁がトランプ氏の政策を違憲と判定すれば、その判定が効力を発揮してしまう。

トランプ大統領としては極めて厳しい状況にあったが、2017年4月7日の9人目の最高裁判事承認によって、この状況を変化させたのである。

米国株価は1年半で5割の上昇を示し、経済は順調に推移し、そして政策決定を遂行できる最高裁の人事体制が整えられた。これらの施策によってトランプ大統領は就任から1年半の期間を、結果的なパフォーマンスで言えば、極めて優良なかたちで実績を積み上げてきた。本来であれば大統領の支持率が圧倒的な高さに上昇してもおかしくない客観情勢であるが、現実の政権支持率は低迷を続けている。歴代政権と比較しても、トランプ大統領に対する支持率は歴史的低迷を続けていると言って過言ではない。

その背景には、トランプ大統領の過激な政権運営がある。トランプ大統領にとってアキレス腱となっているのは、大統領選挙中におけるロシア関係者との接触問題が重大な刑事事件に発展していることである。この問題は依然として最終的な解決をみていない。

人種差別的な言動、女性蔑視の言動、トランプ政権内部の過激な人事。さらに、貿易政策における強硬姿勢、パリ協定からの離脱、イラン核合意からの離脱といった、これまでの米国政治の流れを全否定するような強硬な姿勢。これらの言動に対する批判が、特に民主党支持者を中心に渦巻いているという現実がある。

逆に、トランプ大統領の主張に賛同するトランプ支持者の支持が一段と強固になるという側面がある。米国が主義主張、基本的哲学において完全に二分されるという「アメリカの分裂」が拡大しているが、これを全面的に促進しているのが、トランプ大統領自身である。

トランプ大統領に対する支持率は、政権発足時点において支持、不支持ともに約45％という状況であった。政権発足時の支持率としては、記録的に低いものである。この支持率がその後、支持率40％、不支持率56％という水準に拡大し、不支持が支持をかなり上回る状況が続いてきた。その後はやや持ち直し、現在は支持率が44％、不支持率が53％という状況にある。

依然として不支持が支持を上回り、支持率の絶対水準が45％を上回らないという、長期低迷という見立ても成り立つが、その一方で、大胆過激な言動を維持しているなかで40％を超す支持率を、コンスタントに維持し続けているのは、トランプ大統領の支持基盤の強さを示すものだとの指摘もある。

トランプ大統領に求められる「止足の計」

２０１８年10月に表面化した米国発の株価急落が一時的な現象に留まるのか、それとも、２０１９年、２０２０年に向けての大きな市場調整の端緒になるのかは、現時点ではまだ断定できる状況でない。しかしながら、２０１９年に向けての米国のリスクとして、いくつかの重要点を念頭に置く必要がある。２０１９年の米国リスクとして念頭に置くべきことは、次の三点である。第一は、トランプリスクそのもの。第二は、ＧＡＦＡ（Google、Apple、Facebook、amazon）に代表されるような、新しいテクノロジー企業、ハイテク企業の株価動向。第三は、米国景気の減速可能性である。

第一のトランプリスクから検討してみよう。

筆者は、トランプ大統領が歴史的に見ても稀有な「有言実行」能力を保持していることを正当に評価する。これはこれで、政治にとって極めて重要なことである。選挙の際に公約を明示し、主権者の判断を仰ぐ。主権者から信任を得れば、その公約を、責任を持って実行する。これが民主主義を健全に機能させるプロセスであり、この意味においてトランプの行動は、批判されるべきものと言うよりは、賞賛されるべきものであると言える。

しかしながら、物事を円滑に進め、次の大統領選挙での当選に繋げていくためには、過激一本槍ということが得策であるとは限らない。東洋の哲人の一人である老子が、次の言葉を残している。この言葉は『老子』第四十四章に記述されている。

「足るを知らば辱《はずかし》められず。止《とど》まるを知らば殆《あや》うからず。以《も》って長久なるべし」

この意味は、「足ることを知れば屈辱を受けず、止まることを知れば危険にさらされず、これをもって長生きできる」というものである。「足るを知ること」、そして「止まるを知ること」という意味で「止足《しそく》の計」と呼ばれる。

東洋の哲学であるから、トランプ大統領に合わないのは当然かもしれないが、トランプ大統領は暴走を加速させすぎて、自ら危機を招き入れてしまうリスクをはらんでいるように見える。トランプ大統領の暴走懸念として筆者は、「三つの過剰」に懸念を抱く。「三つの過剰」とは、

①米中貿易戦争の過剰
②人事の過剰

③ＦＲＢ介入の過剰

である。この三つの過剰によって、トランプ大統領自身が自ら危機を呼び寄せてしまうリスクが存在する。

トランプ大統領は、米国の対中国貿易赤字の大きさを指摘する。米国の対中貿易赤字の金額は、米国のＧＤＰ比２％規模をコンスタントに維持している。つまり、米国のＧＤＰの２％規模の所得が中国によって奪われているという計算になる。トランプ大統領は「世界知的所有権の日」にあたる２０１８年4月26日に、布告第９７２９号を発出し、「外国勢力による米国の雇用、富や知的財産の窃取を許さない」と述べた。トランプ大統領は、中国が知的財産を窃取し、不正な貿易慣行によって米国の雇用や富を奪っているとの認識を有している。

米国の通商政策は、国家経済会議委員長であったゲイリー・コーン氏が更迭された時点で、ピーター・ナヴァロ補佐官、ロバート・ライトハイザーＵＳＴＲ代表、ウィルバー・ロス商務長官などの強硬派ラインによって、完全に支配されている。この強硬派ラインによって、対中国強硬策が矢継ぎ早に打ち出されている。米国の中国への輸出規模が１５００億ドル規模であるのに対し、中国の米国への輸出規模が５０００億ドルであるから、米国が中国からの輸入に20％という高率の関税を追加的に適用し、米中貿易戦争が拡大しても、より大きな打撃を受けるのは中国の側であるとの判断が持たれている。

この判断自体は間違いと言えないが、米国側の判断では、その中期的・副次的影響が軽視されている。中国経済が大きな打撃を受け、景気後退局面に陥れば、ブーメラン効果が米国に波及する。中国の株価が急落し、中国において金融不安定化圧力が噴出すれば、世界の金融市場を不安定化させる原因になりうる。トランプ流の過激な政策対応が、世界経済の相互依存関係を通じて、米国経済、米国金融市場に跳ね返る影響を過小評価している可能性がある。

最高裁人事と弾劾裁判の可能性

第二の、人事の過剰とは、トランプ大統領が、トランプ大統領と対立した政府閣僚等の枢要メンバーを容赦なく切り捨ててきていることだ。大統領補佐官の更迭は、頻繁に繰り返されている。マイケル・フリン安全保障担当補佐官、ハーバート・マクマスター安全保障担当補佐官、ラインス・プリーバス首席補佐官、レックス・ティラーソン国務長官、ショーン・スパイサー大統領報道官、アンディー・パズダー労働長官、トム・プライス厚生長官、そしてトランプ大統領の当選の立役者であるスティーブン・バノン上級顧問などが、これまで、切り捨てられてきた。

問題は、こうして切り捨てられた主要人物のなかに遺恨が沈殿することである。さまざまな問題が表面化した際に、切り捨てられた人々の怨嗟がトランプ大統領にとっての逆風として作用することになる。

最高裁判事の追加の人事があった。最高裁判事の人事構成が５対４になったことを記述したが、共和党系の５人のうち１人はかなり中立に近い人物であった。実質的には４対４に近い部分があり、その１人が交代することになった。トランプ大統領はブレット・カバノー氏を指名したが、カバノー氏がかつて性的暴行を行っていたとの疑惑が浮上し、議会での承認が遅れた。最終的に議会はカバノー氏の最高裁判事就任を承認したが、民主党系支持者を中心に、トランプ大統領の基本姿勢に対する不信感が強まる影響が広がっている。

11月６日の中間選挙において、上院は共和党が過半数を維持する可能性が高いと見込まれているが、下院選挙は接戦の様相を示している。下院で民主党が過半数を奪還する場合、ロシア疑惑および大統領選中における口止め料の支払い等に関して、下院がトランプ大統領の弾劾を提起する可能性がある。大統領が弾劾されるには、上院において３分の２以上の賛成が必要であり、トランプ大統領の弾劾実現のハードルは極めて高いが、下院によって弾劾裁判が始動すること自体は、トランプ大統領にとって大きなボディブローになってくる。

ＦＲＢへの介入が引き起こすインフレの危険性

第三の過剰はＦＲＢ介入の過剰である。トランプ大統領は、大統領選挙のさなか、ＦＲＢ批判を強めていた。トランプ大統領は、イエレンFRB議長が2016年に利上げに慎重姿勢を示していたことを批判した。FRBは金利引き上げを行うべきであるのに、民主党政権を支えるために利上げを遅らせていると批判していたのである。自分が大統領に就任すれば、イエレン議長を更迭すると明言していた。

そのトランプ氏は大統領に就任すると、イエレン氏に対する評価を変えた。イエレン氏は極めて能力の高い中央銀行トップであることを認めたのである。しかしFRB人事においては、イエレン氏の続投を認めず、パウエル氏を起用した。トランプ大統領は、利上げが景気や株価の上昇にネガティブな影響を与えるとの判断を有していると見られる。イエレン氏を続投させればトランプ大統領の意向にお構いなく利上げを断行することを嫌い、大統領の意思を反映しやすいパウエル氏をFRB議長に起用したのではないかとの憶測が広がった。

トランプ氏の判断が経済学、金融政策論の視点から見て、適正なものであるとは言えない。「インフレなき成長」を持続させるためには、金融政策は基本的には早め早めの予防的な対応を取ることが有効であるとするのが、金融政策論のこれまでの蓄積による見解である。利上げをしなければ株価と景気上昇が永続するとの判断は、あまりにも単純すぎる。

しかしながらトランプ大統領は傾向として、このような判断を保持している疑いが強い。2018年2月にFRB議長に就任したパウエル氏に対し、金融市場はパウエルFRBがインフレに対し、甘い対応を示すのではないかとの懸念を抱いた。この点については第3章で詳しく触れる。こうした批判も念頭にあったと考えられるが、パウエル議長は２０１８年3月、６月、９月と、立て続けに３カ月ごとの利上げを断行した。その政策対応は、基本的に適正なものであったといえる。

しかしながら、この政策対応に不満を高めてきたのがトランプ大統領である。６月29日にクドローＮＥＣ（国家経済会議）委員長が米メディアＦＯＸのインタビューで米国金融政策当局の利上げ政策について、「極めてゆっくりと」利上げするよう要請した。大統領府が金融政策に口出しをすることはタブーとされてきており、大きなニュースとして報じられた。

しかしその後も、大統領府からの金融政策への注文は発し続けられてきた。７月19日、トランプ大統領はＣＮＢＣのインタビューで金融当局が借り入れコストを引き上げ、経済を減速させている可能性があるとして、ＦＲＢの対応を「嬉しくない」と発言した。８月20日には、ロイターのインタビューでＦＲＢがもっと緩和的であるべきだとし、「（パウエル議長による）利上げは気に入らない」と発言した。

極めつきは、ニューヨークダウが急落した10月10日、11日のトランプ大統領の発言である。トランプ大統領は10月11日の米国株価の急落が「ＦＲＢの金利引き上げによって引き起こされた」と述べた。さらに「ＦＲＢ」は「コントロール不能だ」「引き締めすぎている」と述べた。

パウエルＦＲＢ議長は実際には、金融政策運営の細かな部分において、トランプ政権への強い配慮を示している。インフレを顕在化させずに経済成長を持続させるためには、金利の引き上げが必要である。また、将来、景気悪化が顕在化した際に、政策対応の余地がある状況を生み出すためにも、短期金利の水準をある高さにまで引き上げていくことも必要である。

ＦＲＢが金融引き締めに甘い姿勢を取ると金融市場に判断されれば、将来のインフレ率上昇予想から長期金利が上昇してしまう。２０１８年1月から2月にかけてはこの思惑から、米国長期金利上昇、ドル下落、株価下落という、いわゆるトリプル安が広がった。

こうした状況を踏まえてパウエル議長は、ゆるやかな利上げ路線を維持しつつ、中長期的に金利引き上げが際限なく続くのではないことを、議会証言などで繰り返し強調してきている。つまり、パウエル議長は実質的にトランプ大統領の意向を「忖度《そんたく》」して行動していると判断できる。

ところが、こうした配慮にお構いなく、トランプ大統領がＦＲＢに対する介入を強めていることによって、逆にＦＲＢの政策対応の余地が狭められてしまう懸念がある。トランプ大統領が介入を強化し、その方向に沿うＦＲＢの対応が取られれば、ＦＲＢの独立性は失われてしまうとの市場観測が強まることになる。

老子の言葉に戻るが、「足るを知らば辱められず。止まるを知らば殆うからず。以って長久なるべし」の言葉の深い意味を、トランプ大統領は知る必要があると思われる。強い「有言実行力」によって多くの実績を残している。その現状に対し「足るを知り」、その上で、ある程度の「止まるを知る」があれば、政権は「長久なるべし」を得る可能性が生じる。「及ばざるは過ぎたるに勝れり」の言葉が示す「中庸《ちゅうよう》」の重要性に対する認識不足が、懸念の大きな背景にある。

過熱しすぎのGAFAと好景気の終焉

第二の問題は、米国株式市場をけん引してきたハイテク企業の株価に対する警戒感である。ニューヨーク市場では、GAFA（Google、Apple、Facebook、amazon）に代表される、新しいハイテク企業が株価上昇をけん引してきた。しかしながら、これらの銘柄の一部にPER（1株当たり純利益）100倍を突破する銘柄が観察されている。

筆者は2000年の年初、「IT相場」で沸いた日本の株式市場に対し、警戒感を表明した。その理由は、米国のナスダック市場においてIT関連銘柄のPERが100倍を超えてきたからである。モルガン・スタンレーの著名ストラテジスト、バートン・ビッグス氏が、この点を指摘した。筆者も完全に同一の見解を有し、日本株価についてIT関連企業の株価上昇が行きすぎていることを警告した。

実際に、ここを頂点に株価の大幅調整が発生したのである。株式市場をけん引する新しいハイテク企業には、巨大な潜在力がある。その潜在力に対する期待からPERが100倍を超す状態が生まれているが、歴史的な経験から判断しても、PER100倍は、相場の過熱を示す一つのメルクマールである。

ひとくちにハイテク企業と言っても、アップルなどにおいては、PER水準は抑制されており、株価の著しい割高感は存在しないが、アマゾン、ネットフリックスなどの株価においてはPER100倍超えが、すでに観測されている。また、インターネット上の情報を集約しAI解析で新たなビジネスモデルを展開するフェイスブックやグーグルなどの企業においては、今後は個人情報の取り扱いが最大のリスクファクターになる。欧州においては、個人情報の取り扱いに対する新たな規制の設定も検討されている。米国株式市場をけん引してきたハイテク企業のうち、とりわけPERが100倍を超えている銘柄の株価動向に対する注視が必要になる。

そして第三は、米国景気そのものの変化である。米国の失業率が3・7%にまで低下していることは、米国経済の成長が、中期成長循環の最終局面に近づいていることを意味している。経済がフル稼働の状況に移行しており、この状況下で需要が拡大すれば、価格上昇がもたらされることになる。そのリスクを軽減させるためには、中央銀行は金利引き上げ路線を維持する必要がある。その延長上に、景気の減速や景気後退が発生し得ることになる。

インフレを起こさない範囲でゆるやかな成長が持続するのが「インフレなき成長持続」であり、この均衡状態を維持することが望ましいが、循環変動を繰り返す経済において、その長期的維持は容易でない。金利引き上げがさらに進行し、景気が後退局面に移行するという可能性を否定しきれない。過去30年の株価とFFレートの関係は、この転換点において株価が急落す

米国雇用者増加数と失業率の推移（直近1年）

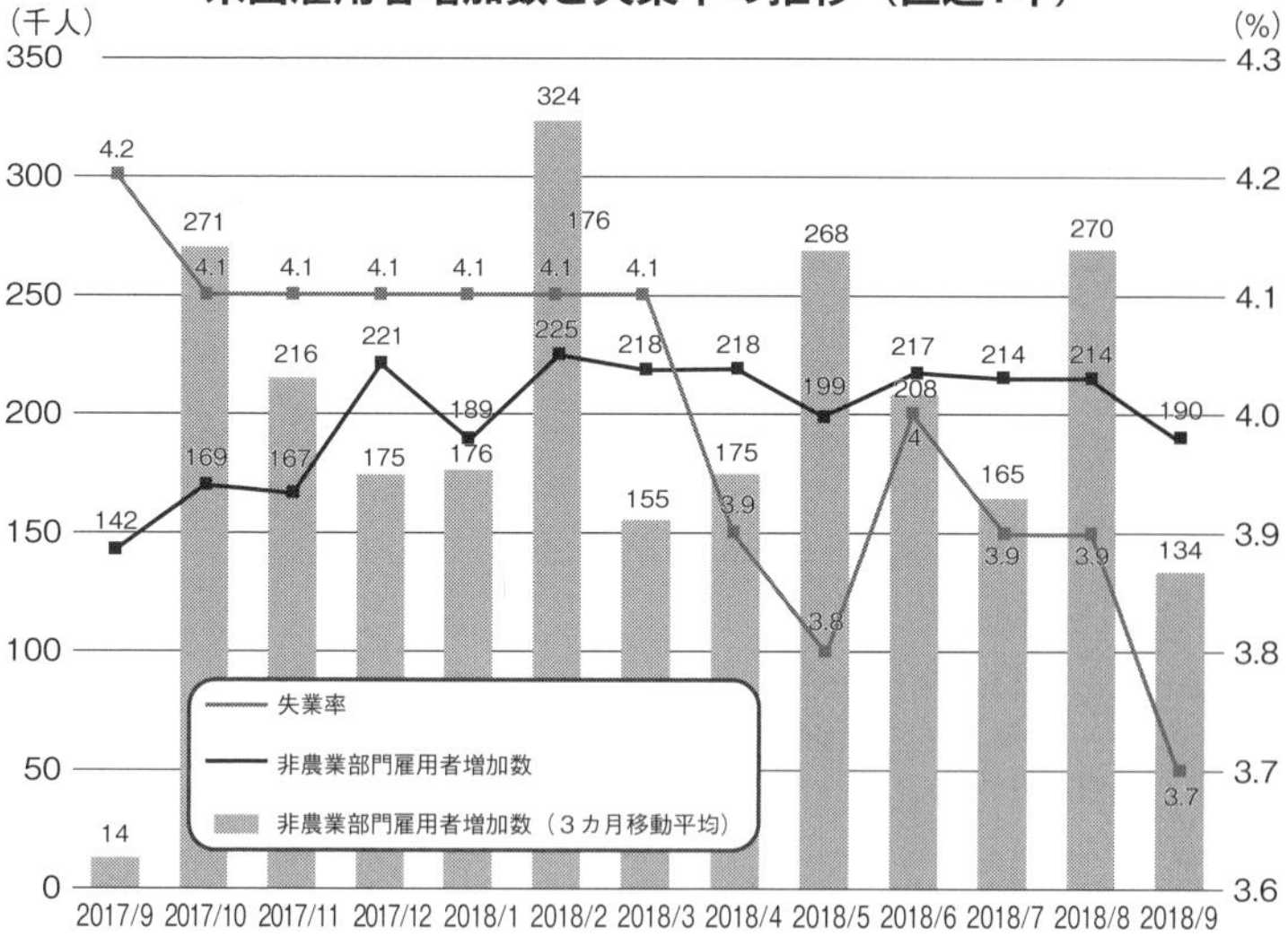

る現実を示している。

「もうはまだなり」、「まだはもうなり」という二つの言葉があり、局面判断は極めて難しいが、２００９年３月からの株価上昇局面が10年に差し掛かり、経済の循環変動を示す失業率の絶対水準が３・７％にまで低下しているという事実が、経済拡大と株価上昇波動が中期循環の最終局面に近づきつつあることを示唆していることは間違いないと言える。

そのリスクが顕在化するタイミングには、1年から2年程度の誤差が存在するのであり、その間の政策対応の巧拙によって、波乱表面化の時期が大きく変動し得る。必ずこうなると断定することはできないが、高まりつつあるリスクを念頭に置くことが必要不可欠である。

3 安倍政権と日本のリスク

割安ではある日本株

日本の株価は、指標から見て割安な水準にあると判定できる。2018年10月11日時点で日経平均株価のPERは、2019年3月期利益基準で13・08倍である。株価は予想される1株利益の13倍の水準に位置する。

予想される1株利益が株価の何%にあたるかという数値が、株式の益利回りである。これは、PERの逆数になる。株式の益利回りは、7・6%水準である。

比較するべき利回りは、債券の利回りである。10年国債の利回りは、0・17%である。同じ資金を債券で保有すれば利回りは0・17%、株式で保有すれば7・6%である。株式の利回りが圧倒的に高い。利回りは、株価が上昇すればするほど低くなる。つまり、利回りが7・6%と非常に高い水準にあることは、株価が非常に低い水準にあることを意味している。

この意味で日本の株価は企業利益の水準を基準にすれば、割安な水準にあると評価すること

東証株価指標

株価収益率（連結決算ベース）（2018年10月11日現在：日経平均株価22,590円）

項目名	前期基準	予想
日経平均	12.56倍	益利回り　7.6%　4.0%　減益予想　13.08倍
JPX日経400	13.62倍	14.12倍
日経300	13.40倍	13.85倍
日経500平均	13.87倍	14.17倍
東証1部全銘柄	14.23倍	14.46倍
東証2部全銘柄	6.98倍	5.62倍
ジャスダック	21.91倍	13.23倍

株式益回り（連結決算ベース）（益利回り4%＝PER25倍相当日経平均株価：43,176円）

項目名	前期基準	予想
東証1部全銘柄	7.02%	6.91%

日本10年国債利回り（直近3年）

ができる。株式の利回りが4％になる株価を計算すると、4万3176円になる。史上最高値を超す水準になる。株の利回りが4％にまで低下することを主張するものではないが、日本の株価には大きな上昇余地が存在しているということになる。しかしながら株価の変動は、この株価指標によってのみ決定されるわけではない。

筆者は日本株価決定要因を「ワン・プラス・スリー」と表現してきた。株価を決定する基準になるファクターは、収益指標、株価指標である。いま述べた、株式の利回りと債券の利回りとの相対的な関係が、株価の水準を評価する基本の尺度である。

ただし、同じ利回り、PERであっても、企業利益が増加する局面と減少する局面では、株価上昇のモメンタムに差が生じる。当然のことながら、企業利益が拡大する局面では株価は上昇しやすく、企業利益が減少する局面では株価は下落しやすい。

2019年3月期においては、日経平均対象銘柄の利益は前期比4％の減益が予想されている。これまでの実績においても、企業利益が減少する局面では株価上昇力が弱く、企業利益が拡大する局面では株価上昇力は強い。

2017年にドル円レートが、やや円高方向に推移したにもかかわらず株価が大幅に上昇したのは、2017年の企業利益が大幅増益を記録したためである。この意味で、2019年にかけての日本株価は、指標的な割安さが存在するが、企業収益が小幅減益予想となっているために、上昇のモメンタムが抑制されるということになる。

ドル円（直近3年）

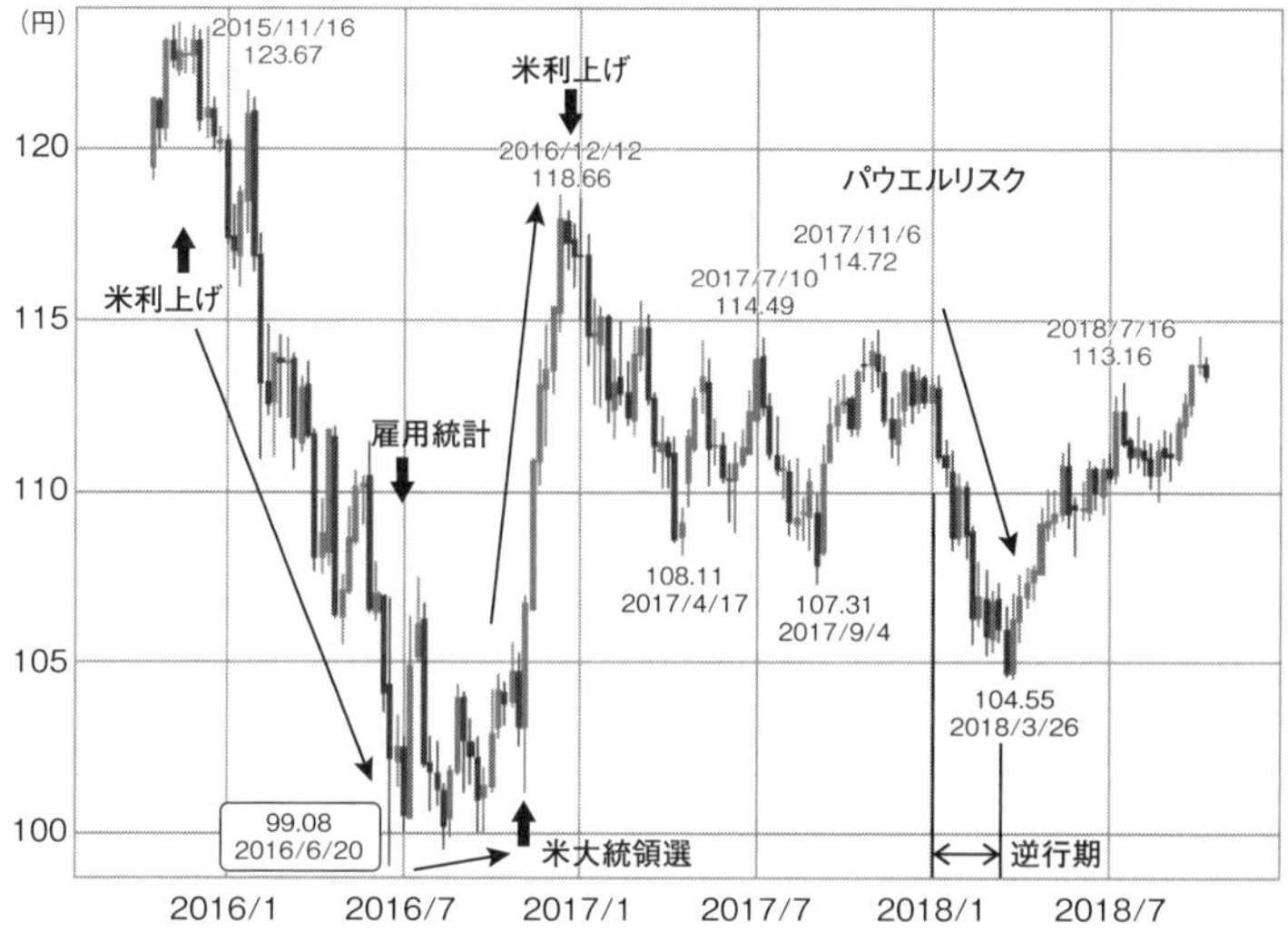

株価を決定するワン・プラス・スリーの、スリーに該当するのが、以下の三つである。

①ドル円レート
②ニューヨークダウ
③上海総合指数

２０１８年10月10日から12日にかけて、内外市場で株価急落が観察された。ニューヨークダウの下落は日本株価の下落要因になる。上海総合指数の下落も、株価下落要因になる。

２０１８年の株価変動においては、１月末からの株価調整によって、主要国株価が連動安を演じた。株価下落の震源地は米国であったが、米国株価の下落率は12％に止まった。これに対し、日本、ドイツの株価下落は約15％と、米国よりも大幅になった。しかしながら米日欧の主要国の株価は、3月に底値を確認し、その後は反発地合いに転じた。15％程度の中規模調整が発生し、9月には1月高値を更新するところまで株価の修復が進んだのである。

ところが、このなかで、中国株価だけは反発を観測しなかった。3月以降に米中貿易戦争が勃発し、拡大の一途をたどってきたことが背景にある。中国株価の下落率は30％を超え、大規模調整の範疇に移行した。そして2018年10月の株価調整によって、上海総合指数の下値の節目である2638ポイントを下回った。

中国株価は新しい下値警戒ゾーンに移行したということになる。ワン・プラス・スリーの三つの要因のうち、ニューヨークダウが下落に転じ、上海総合指数が新たな下落警戒ゾーンに水準を移行させたのである。

2018年9月から10月にかけて、米国金融引き締め政策の持続観測を背景に、米国長期金利が7年ぶりの高水準に移行した。これに連動して、ドル円レートはドル高方向に推移したが、10月の株価調整を契機に長期金利が反落し、米ドルも反落に転じた。

1ドル114円台まで上昇したドルが、1ドル112円台へ反落した。ワン・プラス・スリーの要因の一つであるドル円レートは、ドル高が日本株価上昇を引き起こし、ドル安が日本株価下落を引き起こす連動関係を有している。

この意味で、日本株価を取り巻く環境としては、収益指標が株価を底支えする要因である一方で、ドル円、ニューヨークダウ、上海総合指数の三者がそろって日本株価下落に対する警戒を強めるシグナルを発する状況に移行している。

日銀が密かに進める「ステルステイパリング」

このなかで２０１９年に向けて大きな注目要因として浮上するのが、安倍内閣の経済政策運営である。２０１２年12月に発足した第二次安倍内閣は、「アベノミクス」と題する経済政策の組み合わせを提示した。その内容は、金融緩和政策の強化、財政出動、そして成長戦略であった。このうち、量的金融緩和政策が大幅に強化され、これが２０１２年から２０１５年にかけての円安、長期金利低下、株価上昇という反応を生み出してきたと言える。

しかしながら、量的金融緩和政策が目指したインフレ率の上昇は、実現せずに現在に至っている。日銀は未曾有の量的金融緩和に踏み切ったために、日銀保有の国債残高が激増した。日銀の総資産残高は、５４８兆円に達し、名目ＧＤＰを超えた。

米国で２００９年3月以降、バーナンキＦＲＢ議長のもとで量的金融緩和政策が強化され、金融危機を回避する主力手段と位置付けられた。米国ではＦＲＢの保有資産残高が増加し、これがＦＲＢの財務体質を不安定化させるとの懸念から、その後、量的金融緩和政策の縮小、中止、さらに短期金利引き上げ政策が採用されてきている。

量的金融緩和政策を縮小することを「テイパリング」と表現するが、米国ではテイパリングが始動し、その後、量的金融緩和政策そのものが中止され、さらに量的縮小政策が採用されている。ＦＲＢの資産残高は、米国のＧＤＰ比25％にまで拡大した。この水準でもＦＲＢはＦＲＢの資産残高が膨張しすぎたとの判断を有し、これが米国中央銀行の財務不安定化を招くとして、警戒され、是正されてきた。

これに対し日銀は、ＧＤＰを超える資産規模にまで量的金融緩和政策を拡大させた。世界最大規模の量的緩和を実施したのは、実は日本銀行である。日銀保有資産の大半が長期国債である。長期国債の時価評価額は金利によって変動する。長期金利が何らかの要因で急上昇すれば、日銀が保有する国債の評価額が減少する。長期金利の大幅上昇は、10兆円単位で日銀の保有資産評価損失を招くのである。

日銀が数十兆円単位の資産含み損を計上すれば、日銀財務そのものに対する危機が表面化する。日銀の負債である日本円に対する信用が、暴落しかねないのである。

日銀は２０１８年7月30日から31日の金融政策決定会合で、長期金利の誘導目標を「０％程度」とする方針を維持した一方、「金利は経済・物価情勢等に応じて、上下にある程度変動しうるものとする」と明記した。この政策決定について、日銀の雨宮正佳副総裁は、量的金融緩和政策の強化を図るものだと説明しているが、この言葉を額面通りには受け取れない。実は、すでに日銀は量的金融緩和政策の縮小に着手しているからである。

安倍内閣は２０１８年4月の日銀人事において、黒田東彦総裁の異例の続投に踏み切った。

日銀の国債購入額（年額換算値）の推移

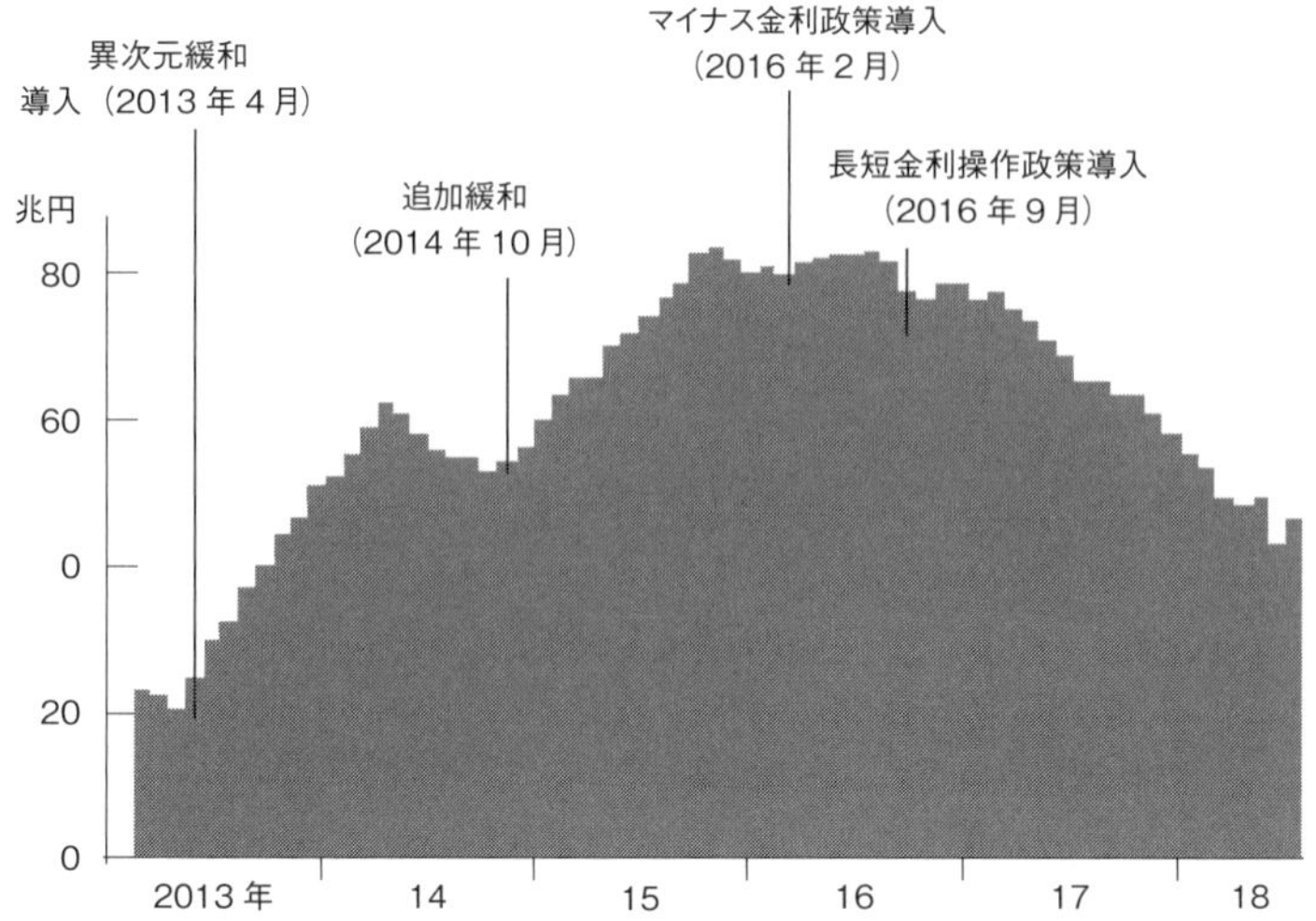

黒田総裁を交代させれば、インフレ誘導という目標を公約に掲げた日銀の政策が失敗に終わったことを公式に認めることになってしまう。これを避けるために、安倍首相は、黒田氏の続投を強行したのだと言える。そして岩田規久男副総裁に代えて、若田部昌澄氏を副総裁に起用した。若田部氏は、量的金融緩和政策の一段の強化を唱えている。こうした背景があるため、日銀は表立って量的金融緩和政策を縮小していることをアナウンスできない状況にある。

雨宮副総裁はこのため、表向き「金融緩和政策の強化を図るもの」と説明しているが、これはあくまでも若田部昌澄氏などの、いわゆる金融緩和推進者のメンツを保持するための「フェイクの説明」である。

日銀の長期国債年間購入ペースの推移を見

れば、このことは明白である。2015年から16年にかけて、日銀の国債購入金額は年間80兆円に達した。しかし、2017年以降は市場からの国債購入金額のペースを大幅に減少させ、2018年後半では年間購入額が約40兆円へと半減している。つまり、日銀はすでに量的金融緩和政策の縮小に着手している。テイパリングを公式に発表せずに目に見えない場所で実行しているという意味で、「ステルステイパリング」と表現されている。

今後予想される長期金利上昇を踏まえれば、日銀資産規模の野放図な拡大を放置するわけにはいかない。現状では、日銀は保有する国債の増加ペースを鈍らせているだけで、なお資産規模の拡張を続けている。資産規模が拡大するかぎり、金利上昇に伴う日銀の巨額損失リスクは減少しないのであり、日銀は窮地に追い込まれつつある。この現状を踏まえれば、日銀が金融緩和政策をさらに強化するという選択肢は存在しない。量的金融緩和政策を縮小し、やがては日銀の資産規模を縮小化させるプロセスに移行せざるをえない。その過程でゼロ水準に維持している短期金利を、いずれは引き上げる方向に転じていかざるをえないのである。

歴史が証明する超緊縮財政政策という〝愚策〟

三本の矢の第二の矢である財政出動については、第2章で詳述するが、2013年度のみ積極策が講じられたが、2014年度に消費税増税断行という形で〝逆噴射〟に転じてしまった。

この2014年度の財政政策運営により、日本経済は撃墜されてしまった。財政政策運営は、経済にどのような影響を与えるのであろうか。これを分かりやすく表現する1枚の表がある。次ページの財政収支が経済に与える影響の推移表を、じっくりと見ていただきたい。この表において最も重要な数値列は、左端から5番目にある前年差という数値列である。何の前年差であるかといえば、「歳出―税収」の前年差である。「歳出―税収」とは、実質的な財政赤字のことだ。「歳出―税収」の数値列が、財政赤字の推移を示す。前年差は、その財政赤字が前の年度に比べ増えたか減ったかを示す。財政赤字を増やす政策が積極財政であり、財政赤字を減らす政策が緊縮財政である。

過去20年間の推移のなかで、政府が財政赤字を大幅減少した、あるいは、させようとした年度が5年度ある。橋本龍太郎内閣の1997年度、小泉純一郎内閣の2001年度、菅直人内閣の2010年度、野田佳彦内閣の2012年度、安倍晋三内閣の2014年度の五つである。

この5回のケースにおいて、政府は、超緊縮財政運営を実行した。そして、この5回の超緊縮財政運営のもとで、日本経済はすべて深刻な不況に転落している。1997年度は橋本内閣が消費税増税を断行した年である。2001年度は小泉政権が「改革なくして成長なし」の掛け声のもとに、超緊縮財政を実行した年である。2010年度の菅直人内閣は消費税増税を提唱した内閣である。消費税増税を実際に強行決定した野田佳彦内閣は、2012年度に超緊縮財政を実行している。さらに2014年度、安倍内閣が消費税大増税に踏み切った。

財政収支の推移

財政収支が経済に与える影響(一般会計決算計数)の推移 (単位:兆円、GDP=10億円)

年	歳出規模(A)	税収(B)	歳出−税収(A-B)	前年差	国債発行額	GDP比(%)	公債依存度(%)	GDP
1995	75.9	51.9	24.0	1.4	21.2	4.1	27.9	516,407
1996	78.8	52.1	26.7	2.7	21.7	4.1	27.5	528,766
1997(当)	77.4	57.8	19.6	▲7.1	16.7	3.1	21.6	533,338
1997	78.5	53.9	24.6	▲2.1	18.5	3.5	23.6	533,338
1998	84.4	49.4	35.0	10.4	34.0	6.5	40.3	526,013
1999	89.0	47.2	41.8	6.8	37.5	7.2	42.1	521,988
2000	89.3	50.7	38.6	▲3.2	33.0	6.2	37.0	528,513
2001(当)	82.7	50.7	32.0	▲6.6	28.3	5.5	34.2	519,074
2001	84.8	47.9	36.9	▲1.7	30.0	5.8	35.4	519,074
2002	83.7	43.8	39.9	3.0	35.0	6.8	41.8	514,764
2003	82.4	43.3	39.1	▲0.8	35.3	6.8	42.8	517,931
2004	84.9	45.6	39.3	0.2	35.5	6.8	41.8	521,180
2005	85.5	49.1	36.4	▲2.9	32.3	6.1	37.8	525,692
2006	81.4	49.1	32.3	▲4.1	27.5	5.2	33.8	529,077
2007	81.8	51.0	30.8	▲1.5	25.4	4.8	31.1	530,997
2008	84.7	44.3	40.4	9.6	33.2	6.5	39.2	509,466
2009	101.0	38.7	62.3	21.9	52.0	10.6	51.5	492,070
2010	95.3	41.5	53.8	▲8.5	42.3	8.5	44.4	499,281
2011	100.7	42.8	57.9	4.1	54.0	10.9	53.6	494,017
2012	97.1	43.9	53.2	▲4.7	50.0	10.1	51.5	494,478
2013	100.2	47.0	53.2	0.0	43.5	8.6	43.4	507,246
2014	98.8	54.0	44.8	▲8.4	38.5	7.4	39.0	518,469
2015	98.2	56.3	41.9	▲2.9	34.9	6.5	35.5	533,895
2016	97.5	55.5	42.0	0.1	38.0	7.0	39.0	539,373
2017	98.1	58.8	39.3	▲2.7	33.6	6.1	34.3	548,639
2018	97.7	59.1	38.6	▲0.7	33.7	6.0	34.5	564,300

計数は決算値。ただし2018年度は当初。

注目されるのは、これらの政策対応によって、国税収入が逆に減少していることである。増税は税収を増やすために実行される施策であるが、経済を悪化させてしまうと、増やしたはずの税収が逆に減ってしまう。とりわけ、経済状況が不安定ななかで、行きすぎた緊縮財政を強行することには弊害が多い。２０１９年10月に消費税率が、現在の８％から10％に引き上げられることとされているが、この増税決定が、すべての流れを転換させてしまうリスクが大きいと考えられる。

「リーマン・ショックのようなことがない限り」発言の真意

２０１８年10月７日のＮＨＫ日曜討論において、菅義偉官房長官が、２０１９年10月に予定されている消費税増税について、「リーマン・ショックのようなことがない限り実施する」と述べた。この発言の真意を考察する必要がある。この言葉の意味は、「リーマン・ショックのようなことがあれば消費税増税を実施しない」と読み取るべきである。

２０１６年６月に、安倍内閣は参議院選挙を目前に控えて、「リーマン・ショックと似た状況」という大義名分を掲げて消費税増税の延期を打ち出した。２０１６年５月に伊勢・志摩サミットが開かれ、安倍首相は、世界情勢がリーマン・ショック前夜に似ていると説明した。サミット参加メンバーはこの発言に、まったく同意しなかった。

2016年5月は、中国株価急落を軸に広がった世界の株価急落局面が、窮地を脱した段階である。2016年2月に上海でG20会合が開かれ、参加国の政策総動員が決定された。これを転換点に中国市場は緩やかな回復過程に移行した。安倍首相は、「リーマン・ショック後の状況に類似している」と言うべきであった。

だが安倍内閣にとっては、そのような正確な経済分析など、どうでもよいことであったに違いない。サミットの場で「リーマン・ショック」という言葉を使うことだけが目的であったと考えられる。その心は、消費税増税を延期することにあった。参議院選挙を控えて増税延期を打ち出し、これで選挙を戦うという戦術が採用されたのである。

2018年10月7日の日曜討論における菅官房長官の発言は、この文脈上で捉える必要がある。リーマン・ショックのような状況が顕在化しなければ、2019年度予算編成の時期である2018年12月に消費税増税を延期するという決定は困難であるかもしれない。しかし、10月に始動した株価調整が12月にかけて本格化すれば、12月段階で消費税増税延期を早々に決定するということは生じ得る。

仮に、2018年末段階で2019年10月の消費税増税を決定した場合でも、2019年7月の参議院選挙直前にあたる2019年の通常国会閉幕時に、安倍内閣が消費税増税の延期を決定する公算は大きい。消費税増税実施が、日本経済を撃墜する可能性が極めて高いからだ。

消費税分の税収は何のために使われたのか？

さらに、消費税率の10％への増税が是認されない重大な背景がある。次ページのグラフは、１９８８年度から２０１６年度にかけての税収変化を示したものである。税収全体の推移と、主要な税目である、所得税、法人税、消費税の税収推移を示している。

消費税が導入された１９８９年度の国税収入合計額と、２０１６年度の国税収入合計額は、約55兆円で、同水準である。この27年間、日本の税収は増えていない。しかし、税収の構成は激変した。所得税は21・４兆円から17・６兆円へと３・８兆円減少。法人税は19・０兆円から10・３兆円と８・７兆円減少。その一方で消費税だけが、３・３兆円から17・２兆円へと13・９兆円も増加した。税収規模は不変で、所得税が４兆円減り、法人税が９兆円減り、消費税だけが14兆円増えた。

つまり、この27年間の税制変更は、法人税と所得税を削減するために消費税増税が実施されてきたというものだったのだ。社会保障拡充や財政再建のために消費税増税が実行されたのではない。ひたすら、法人税と所得税の負担を減少させるために消費税が増税されてきた。

この事実を踏まえるならば、消費税率の８％から10％への引き上げは、是認されない。日本の主権者がこの事実を正確に把握するならば、仮に安倍内閣が消費税増税を断行する意思を示

国税主要税目税収推移

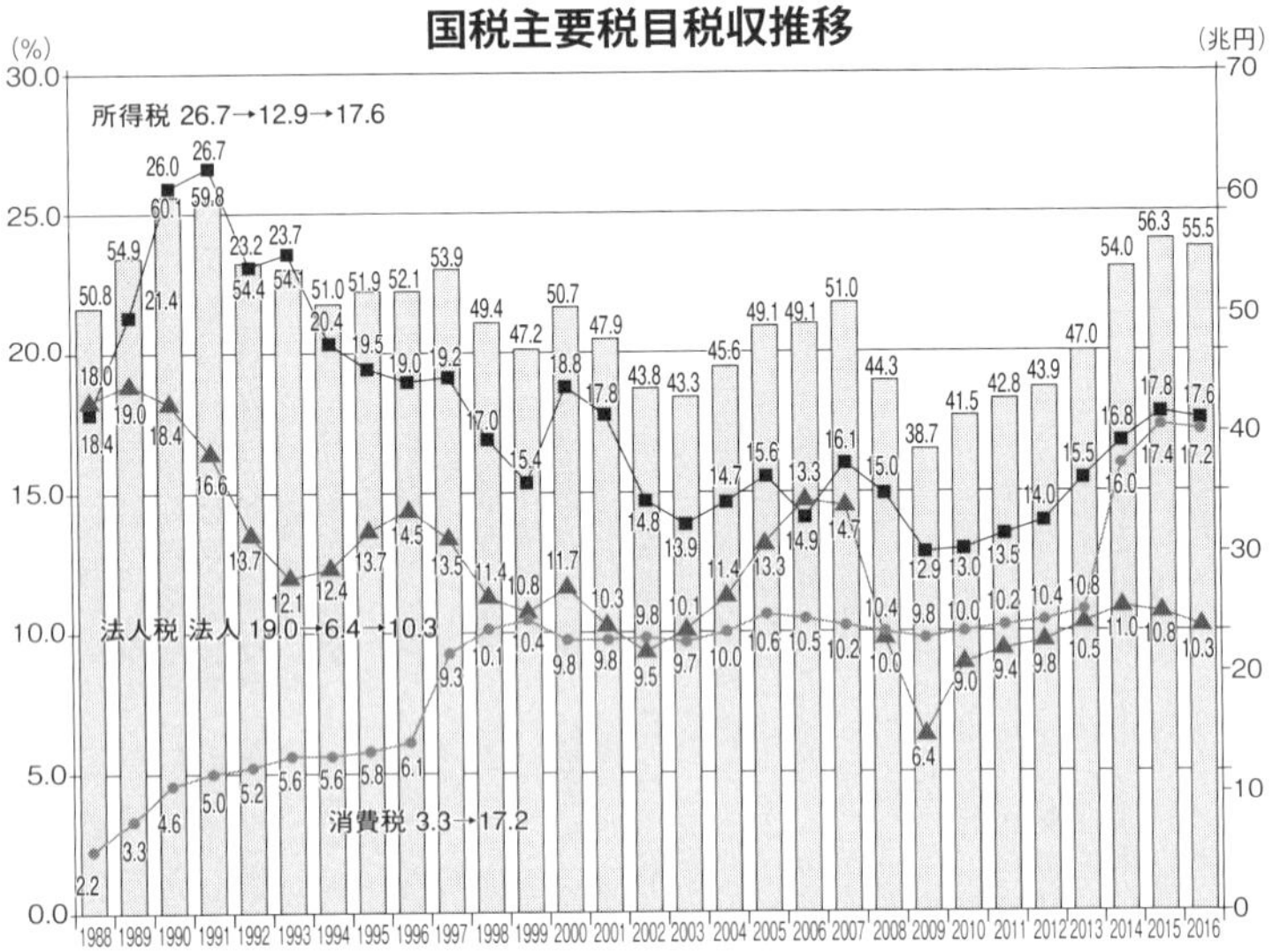

した場合、2019年7月の参議院選挙で安倍内閣は完膚なきまでに打ちのめされるだろう。

2019年は重要イベントが目白押しで、5月1日に改元が行われる。そしてこの改元を祝福するかのように、4月27日から5月6日まで、国民全体が10連休という渦に巻き込まれる。その余韻が残るなか、6月28日から29日にG20サミットが大阪で開催され、日本が議長国を務める。こうした華やかなイベントのムードに乗り、7月参院選を乗り切るというのが安倍内閣の基本戦術であると考えられる。

そのなかで、6月に会期末を迎える通常国会終了後に、安倍首相が消費税増税の延期を打ち出す可能性がある。ただしその場合には、重要な経済政策の根幹の変更を示すのであるから、国民の信を問う必要があるとの説明を付して衆議院の解散総選挙に踏み切るということも考え

税収構造の変化（1989年度と2016年度の比較）（単位：兆円）

	1989年度	2016年度	増減
税収合計	54.9	55.5	+0.6
所得税	21.4	17.6	−3.8
法人税	19.0	10.3	−8.7
消費税	3.3	17.2	+13.9

られる。２０１９年７月に衆参ダブル選が実施されるということも、否定し切れない。

安倍内閣のもう一つの課題は、憲法改正である。憲法第九条に第三項を加え、自衛隊を明記する案を安倍首相が提示している。安倍首相は２０１８年10月24日に召集された臨時国会において、憲法改正案の発議に踏み切りたいとの意向を示している。憲法改正が発議された場合、60日から１８０日の経過期間を置いたのちに、国民投票にかけられることになる。２０１８年の臨時国会で憲法改正が発議される場合には、２０１９年夏の参院選、あるいは衆参ダブル選に合わせて国民投票が設定されるということも考え得る。この場合には、２０１９年夏の選挙はトリプル選挙ということになる。

しかしながら、安倍内閣の連立政権与党である公明党は、憲法改正の期が熟していないことを主張している。２０１８年９月30日に実施された沖縄県知事選で、公明党は国政与党候補としての佐喜眞淳氏の支援を行った。創価学会は４０００人規模で沖縄に人力を投入し、総力戦を展開したと言われている。ところが実際には、公明党支持者、創価学会員の３割から４割の人々が、佐喜眞氏ではなく反対候補である玉城デニー氏に投票したとも言われている。

安倍内閣は憲法改正を推進し、集団的自衛権の行使を容認し、弱肉強食の経済政策を推進している。元来、公明党は「平和と福祉」を看板に掲げる政党であるが、安倍内閣の与党の一員として安倍内閣が推進する戦争推進、憲法改正、弱肉強食推進の経済政策に加担してしまっている。創価学会内部においてこの政策に対する反発が徐々に強まっていると言われている。

また、自民党内部においては、憲法第九条に三項を加えて自衛隊を明記するという案が、党内における審議と合意を得ていないとの強い反対意見が存在する。9月20日の自民党総裁選で党員票の45%を獲得した石破茂氏や、これまで憲法調査会の代表を務めてきた船田元議員などが、自民党内における憲法改正論議が適正なプロセスを踏んでいないと指摘している。この意味で、臨時国会における憲法改正発議は極めて困難であると言わざるを得ない。

安倍首相が強い目標として掲げている憲法改正を実現するためには、2019年夏の参院選、あるいは衆参ダブル選で勝利し、改憲勢力が衆参両院で3分の2以上を確保する状態を維持しなければならない。このハードルは、極めて高い状況にあると言わざるを得ない。

2018年10月から点灯した「黄信号」

日経平均株価の推移は、2006年から2007年の状況とかなり類似している。2018

リーマン・ショック前の日経平均株価推移

日経平均株価（直近5年）

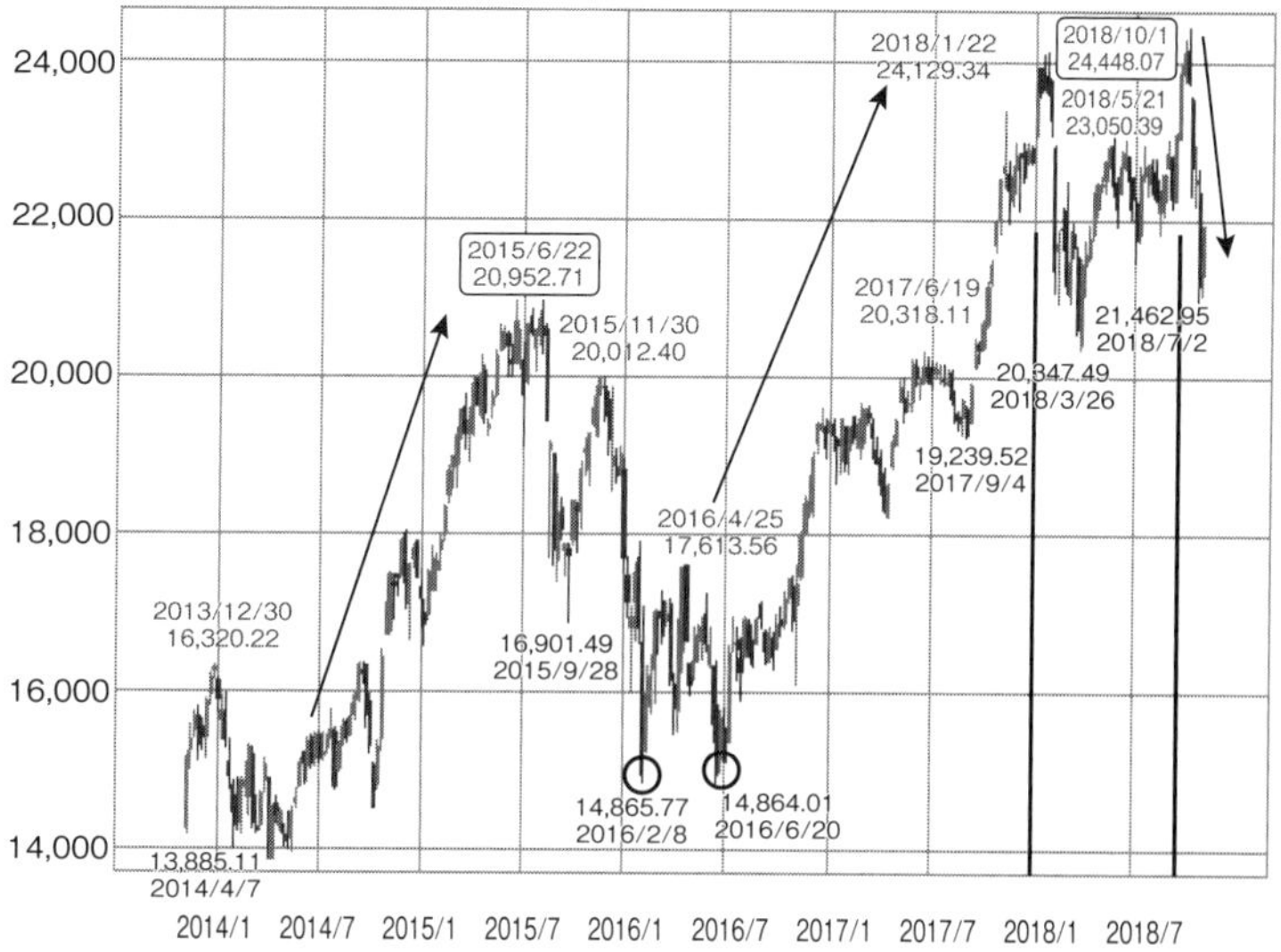

年10月に日経平均株価は急落したが、この局面は、2007年2月あるいは2007年6月の状況と類似しているように見える。株価が戻り高値を更新し、そこでエネルギーが潰えて株価下落局面に転じていった。

日経平均株価が高値を記録したのは2007年2月、そして6月である。ここから株価の下落基調が始動し、2009年3月の安値に繋がるわけだ。米国の投資銀行リーマン・ブラザーズが破綻したのは2008年9月15日のことである。

株価が下落に転じて、1年、あるいは1年半の局面でリーマン・ショックが発生している。株価下落がかなりの時間をかけて進行したということだ。2018年10月の株価下落は、この意味で、2019年から2020年にかけての警告シグナルであるという見立てを取ることができる。2006年から2009年にかけての株価推移は、株価が急落しても一旦は高値水準まで値を戻すことがあり得ることを示している。

9年半に及ぶ株価長期上昇局面の最終局面に差し掛かるとすれば、いわゆる「高値波乱局面」への移行であり、高値水準において株価が何度か乱高下を繰り返し、その過程で徐々に戻りの上値が下がり、株価下落トレンドが形成される可能性が考えられる。

2007年から2009年にかけてのサブプライム金融危機は、米国発の危機であり、その主因はサブプライムローンを基礎商品とするデリバティブ金融商品が膨大な規模で組成されたことにある。

サブプライムローン残高そのものは１・５兆ドル程度だったが、サブプライムローンを原商品とするデリバティブ商品の想定元本は６００兆ドル、円換算で6京円という水準に膨張した。米国の不動産価格が下落に転じ、サブプライムローンの焦げ付きが表面化した。

これに連動して、サブプライムローンを原商品として組成されたデリバティブ金融商品の価格が、下落に転じたのである。その結果として、世界規模の金融不安が広がり、世界同時株安が発生した。

現在の状況は、この意味での巨大な金融リスクが膨張している局面ではない。米中貿易戦争が拡大し、中国経済、中国金融市場が不安定化の波にさらされ始めている。そして、その推移いかんによっては、米国経済への跳ね返りが予想され、米国経済が調整局面に転じることも考え得る。

米国株式市場ではＧＡＦＡに代表される、一部ハイテク企業の株価が大暴騰を演じており、これらのハイテク企業の株価が急落するだけで株価指数全体が、かなり大幅な下落に見舞われることも考えられる。この意味で、２０１８年10月以降、２０２０年にかけて、注意信号ならびに警戒信号を点滅、点灯させていく必要が高まっている。

4 ― 中国を中心とする地政学リスク

中国株式の次の安値は投資妙味大

直近10年間の上海総合指数の推移を見るならば、実はこの10年間で株価が最も上昇していないのが中国である。この間、最も経済成長を遂げたのも中国である。

ニューヨークダウは2009年の安値から直近高値まで、4・14倍の上昇を示した。日経平均株価は3・50倍。ドイツDAX30は3・79倍の上昇を示した。これらに対し上海総合指数は、直近の2449ポイント水準との比較では、2008年安値1664ポイントから、1・5倍の水準にしか上昇していない。この過程で2015年の株価急騰局面があり、この2015年6月の高値と比較すれば、2008年10月の安値から3・1倍の上昇ということになるが、それでも、日米独の株価上昇率よりは低い。

そして、この2015年の株価急騰は瞬時に消滅し、現在の2449ポイントという水準に帰着している。中国株価は最も上昇率の低い株価指数となっている。この意味で、次に上海総

上海総合指数（直近10年）

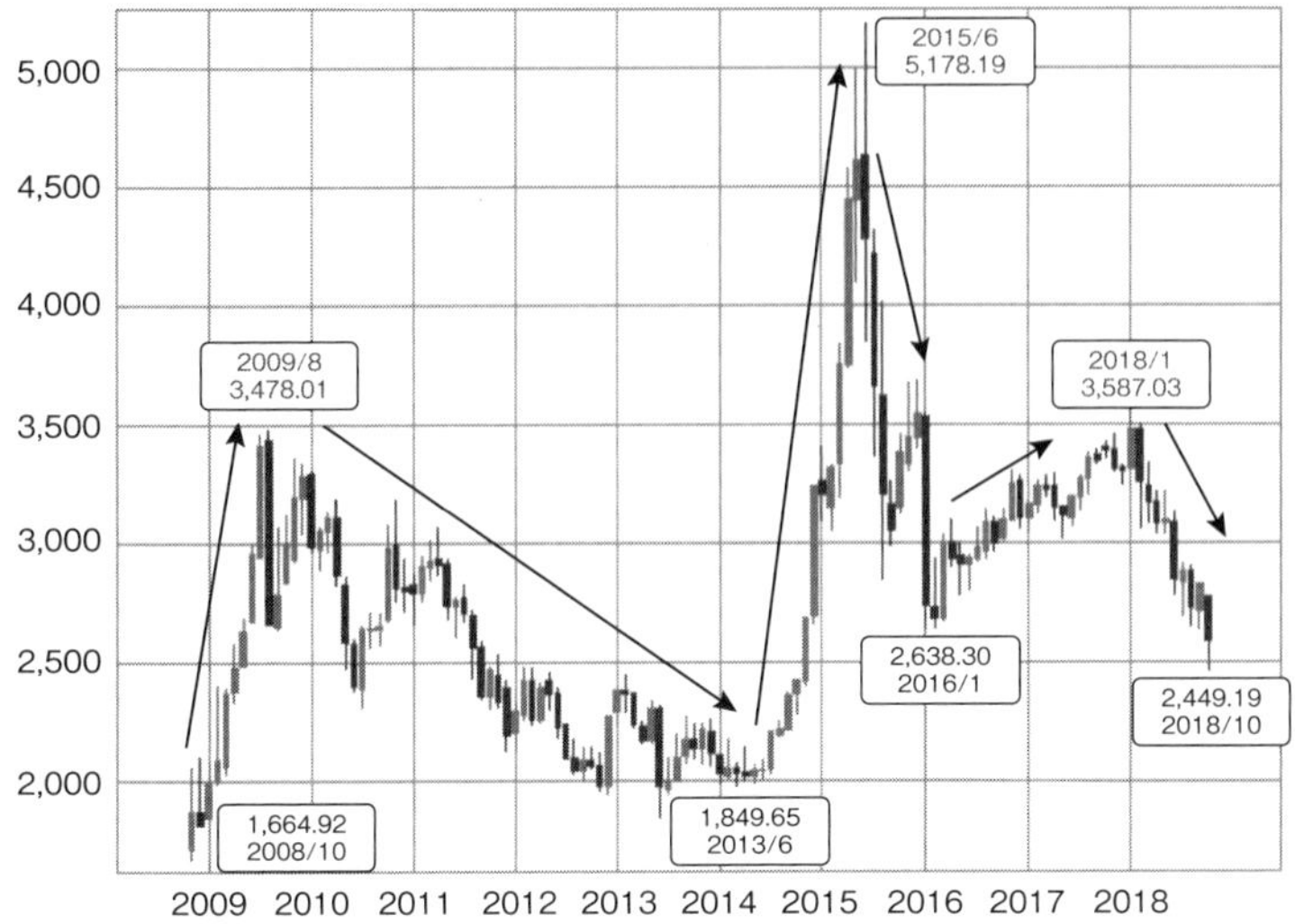

合指数が最安値を記録する局面では、中国株式の投資妙味が絶大になるとの認識を頭の片隅に置いておくべきだ。

２０１８年から２０２０年にかけて、世界の金融市場は新たな波乱のリスクを抱えており、この期間は株価の下落に対する警戒を保持する必要があると考えられるが、その局面で〝陰の極〟と判定できる場面が浮上すれば、新たな大きなチャンスになると捉えておくべきである。

日本で言えば、バブル崩壊後、長期の下落局面を続けるなかで、２００３年５月にりそな危機に対して公的資金による救済という措置が取られたことがあった。結果的に見れば、この陰の極が大きな投資チャンスを提供したということでもある。これこそまさに、「逆張り」の発想の極意と言うべきものである。

中国は２０１６年2月、Ｇ20会合を指揮した。この２０１６年2月の上海Ｇ20会合において、世界経済の下方リスクが認定されたうえで、Ｇ20参加国による、財政、金融、構造政策の総動員の方針が決定された。中国はただちに5兆円規模の減税を決定、実施し、中国経済の底割れを回避した。

２０１８年10月においても、中国政府は預金準備率の引き下げと併せて、5兆円規模の減税政策を提示している。この意味で、中国政府は極めて冷静に事態を見極めて、対応可能な範囲で政策を発動していると言える。

知的所有権の取り扱いにおいて中国が是正すべき課題は山積しているが、トランプ大統領が推進する一方的な関税率の大幅引き上げという対応は、中国経済のみならず、そのブーメラン効果を含めて、世界経済に与える影響が大きい。トランプ大統領は強気一辺倒の政策対応を示しているが、その政策対応のブーメラン効果が米国株価を急落させるという現象が生じれば、トランプ大統領が政策対応を変化させる可能性は存在する。この場合には、世界的な株価本格急落現象の発生が先送りになる可能性が浮上する。

中国政策当局は、事態の悪化を踏まえ、段階的に政策対応を発動している。トランプ大統領が行動様式を修正し、中国政策当局が対応を柔軟化すれば、危機が回避され、「インフレなき成長路線」が、なおしばらくの間、残存する可能性は残る。この場合には株価急落は一時的な現象に止まり、中国を含めて株価の緩やかな回復、そして経済回復軌道の維持という路線に戻る可能性が高まる。

欧州で巻き起こる反グローバリズムの嵐

第四、第五のリスクが、欧州のリスク、そして中東のリスクである。欧州においては、いよいよ２０１９年春に、英国のＥＵからの離脱のタイムリミットが迫る。英国とＥＵの協議は軟着陸しない可能性がある。しかしながら英国内においては、「ハードブレグジット」も辞さないとの強硬論が支配的になっており、十分な合意なき英国のＥＵ離脱が現実化する可能性が存在する。

２０１６年6月23日の英国国民投票で、英国主権者はＥＵ離脱の道を選択した。この瞬間、世界の主要メディアは、金融危機の到来を断定的に予言した。たしかに、イギリスポンドは国民投票の結果を受け大幅下落したが、金融危機は発生しなかった。ポンド下落により、英国を訪問する観光客が急増し、経済活動はむしろ活況を呈したのである。世界の金融市場も大きな波乱には見舞われなかった。英国のＥＵ離脱は英国民がグローバリズムの流れに対し、抵抗を示した一つの証左である。

グローバリズムとは、巨大資本が経済的な国境を取り除こうとする運動である。世界を一つの統一市場にし、資本が利益を極大化させる。そのための方策がグローバリズムである。国境を越える人、モノ、カネの移動を完全に自由化し、国境を越えて企業がコストを最小化して利益を極大化させる方策を選択する。国境を越える経済活動に関するルールを統一化し、国家権力から、経済活動のルールを定める自由を剝奪する。

この、経済活動におけるルールを設定する自由を、国家から剝奪する基本手法が、「ＩＳＤ（投資家対国家の紛争解決）条項」である。国家が自国の経済規制、経済ルールを定める自由を喪《うしな》うのである。日本政府はあろうことか、このＩＳＤ条項を貿易協定等の枠組みに組み込む方向に突き進んでいるが、世界はすでにこのＩＳＤ条項を否定する方向に路線を転換している。

日本と欧州の間で締結された日欧ＥＰＡにおいては、紛争処理について、日本がＩＳＤを主張したのに対し、欧州は、ＩＣＳ（投資裁判所制度）という、新たな枠組みを提唱している。国際紛争処理の裁判所を常設し、一審ではなく二審制の制度を新設するというものだ。また、米国においてもトランプ大統領がＩＳＤ条項を否定する方向で議論を誘導している。安倍自民党は２０１２年12月の衆議院総選挙に際し、主権を損なうＩＳＤ条項に合意しないことを公約に掲げながら、その後、ＩＳＤ条項を国際協定の枠組みに組み込むことに突き進んできたが、その路線が世界の趨勢からすでに取り残され始めている。

グローバリズムが席巻するなかで、それでも、それぞれの主権の重みを重視する多数の国が、グローバリズムの行きすぎにブレーキをかける動きを取り始めている。フランスにおいては、大統領選でＥＵから距離を置く人物が有力な大統領候補に残存した。最終的にはＥＵ・ユーロを肯定するマクロン氏が大統領に選出され、グローバリズム勢力は事なきを得たが、極めて微妙で、きわどい局面であった。

しかしながらイタリアにおいては、「五つ星運動」と「同盟」という反グローバリズム勢力が連立政権を樹立し、ＥＵとの距離を広げつつある。スペインにおいても、グローバリズムに抵抗する勢力が新たな政権を樹立した。メキシコにおいても、反グローバリズム勢力が政権を確立し、マレーシアにおいては、マハティール率いる新勢力が政権を樹立した。グローバリズム一辺倒の流れに対し、世界各地でグローバリズムに抗する動きが広がっている。

米国のトランプ大統領は、グローバリズムを推進する多国籍企業グループと敵対する関係を維持しているが、経済政策運営においては、所得再分配を重視するリベラリズムの立場を保持していない。米国伝統の自己責任・自立を重んじるリバタリアニズムがトランプ大統領の基軸になっており、トランプ政権の方向そのものは、単純な反グローバリズムと言えない面が多い。

トランプ政権は、米国を支配する巨大資本である金融資本、軍事資本、多国籍企業のうち、金融資本と軍事資本との間合いを著しく狭めている。国境を越えて利益を極大化させる多国籍企業群との距離、隔たりは、相対的に大きいと言える。この意味でトランプ政権の性格を単純化することは危険である。ＴＰＰ離脱と言っても、トランプ大統領は日本との二国間ＦＴＡでＴＰＰ以上の収奪を目論んでいるのである。純粋な反グローバリズムとは大きな隔たりがある。

極東の安定と引き換えの中東情勢の不安定化

トランプ大統領が重視する外交政策の基本に、親イスラエル、親サウジアラビアがある。トルコとの間では、エルドアン政権によって拘束されてきた米国人牧師のブランソン氏が2018年10月12日に釈放された。このブランソン氏釈放によって、米国とトルコとの関係悪化は、緩やかな修復に向かう可能性が生じてきている。

この問題と密接に絡むのが、サウジアラビアの反体制ジャーナリストであるアショギ氏が、2018年10月2日にトルコのサウジアラビア総領事館で殺害された疑惑である。トルコ政府はサウジ総領事館に対する家宅捜索を行い、真相を捕捉した模様である。米国のトランプ大統領は親サウジのスタンスを鮮明にしていただけに、サウジアラビア政府によるカショギ氏虐殺疑惑に当惑した面がある。

トルコ政府はその事情を踏まえて、この問題を米国との取引に活用する姿勢を示しているようにも見える。トルコは米国からの制裁によって苦境に追い込まれていただけに、これらの素材を活用して事態打開の糸口を探っているように見える。

中東において、トランプ政権はイラクとの敵対姿勢を強めている。米国はイラン核合意から離脱し、イランと敵対するサウジアラビア、イスラエルへの接近を強めている。サウジアラビアは、イスラム教スンニ派を代表する中東の雄であり、イランはイスラム教シーア派を代表する中東のもう一つの雄である。

国際紛争の舞台となっているシリアは、イランと同じイスラム教シーア派に属する国であり、イラン、シリア、ロシア、中国が、裏で繋がっている。米国のトランプ大統領は、サウジアラビア、イスラエルとの間合いを狭め、シリアを舞台に、あるいはイランをも巻き込む形で、中東の緊張情勢を強める方向に政策を進めている。

米国の軍産複合体にとって国際紛争の消滅は死活問題である。トランプ大統領はこの問題に関しては、明確に軍産複合体寄りのスタンスを示す。サウジアラビアも軍産複合体の大口顧客として極めて重要な存在として位置づけられており、カショギ氏殺害疑惑浮上でトランプ大統領が親サウジのスタンスを修正するのかどうかに注目が集まっている。

トランプ大統領が北朝鮮を中心とする極東における平和政策を推進している以上、中東においては軍事的緊張を高めることが米国の軍産複合体にとって最重要な情勢になっている。この意味で中東情勢は２０１９年に向けても緊張の度合いを強める可能性が高く、その影響が、原油価格に反映される可能性が高い。

トランプ大統領はロシアとの関係を改善させる方向に歩みを進めていたが、米国内におけるネオコンを中心とする反ロシア陣営の勢いが極めて強く、同時に自身がロシアゲート疑惑に巻き込まれていることから、逆に対ロシア強硬姿勢をアピールしなければならない状況に追い込まれていると考えられる。トランプ大統領による米ロの核軍縮協定破棄の動きは、このことを背景にしたものである。

米国の外交戦略の基本は、米国が世界覇権を維持するため、ユーラシア大陸における分断を維持することに重心が置かれている。その要諦として、日本、中国、ロシアの接近は、阻止しなければならない。さらに、イラン、ロシア、中国が融合し、米国に共同して対峙する巨大勢力が構築されることも、米国が必ず阻止しなければならない重大事案であると見なされている。

トランプ大統領は、カーター政権時代の大統領補佐官だったズビグニュー・ブレジンスキー氏が提唱した米国の伝統的な覇権維持の戦略の流れを、そのまま踏襲していると言える。この意味で、世界の軍事紛争のリスクは消滅する方向にはなく、極東における安定の可能性が浮上する一方で、中東および、ロシアと西欧との境界線における紛争状態の長期化が想定される。これらの地政学上の変化も、2019年を展望する上では見落とせない注視点になる。

第２章

正念場を迎える日本経済

1　平成の終わりと経済政策検証

改元と日本経済「失われた30年」

２０１９年４月30日、平成が幕を閉じる。２０１９年５月１日から、新しい元号が始まる。天皇退位問題が論じられ、２０１９年４月末日をもって天皇が退位することが決まった。皇室典範の改正ではなく、特例法を定めての措置であった。平成は31年をもって幕を閉じることになる。

平成が始まったのは、１９８９年１月８日のことである。89年といえば、日本に発生したバブルがピークを付けた年である。平成とともに日本のバブル崩壊が始動したと言ってもよい。日本経済は長期低落傾向をたどった。１９９０年に始まるバブル崩壊は、10年の時間が経過しても底をまったく確認できない状況が続いた。バブル崩壊に伴う政策対応のまずさが、日本経済の傷を深くした。

筆者は１９９９年５月に発行した『日本の総決算』（講談社）において、「失われた90年代」

の表現を用いた。失われた10年との表現は、この言葉がきっかけになって広まったものである。その失われた10年が、失われた20年となり、そして失われた30年となりつつあるなかで、この平成が幕を閉じることになる。

元号法は、１９７９年６月12日に公布され、即日施行された。大日本帝国憲法のもとでは、元号に関する規定が旧皇室典範第十二条に明記されていたが、日本国憲法のもとにおいては、１９４７年に現在の皇室典範が制定される際、その条文が消失し、法的明文が消滅していた。

しかしながら、慣例として、国会や政府、あるいは裁判所の公的文書や民間の新聞等で元号を用いた年号表記が用いられていた。この情勢下で１９７９年６月６日に元号法が成立し、６日後の12日に公布・施行されたのである。

現在の元号は、「一世一元の制」と呼ばれ、皇位の継承があった場合にだけ、元号が改定される。元号法が施行されたために、公的文書において元号を利用することが定められており、これが各種システムにおける大きな悩みの種になっている。元号改訂に伴うさまざまの事務的処理は、膨大なコストを生んでいる。２０１９年５月には新しい元号が用いられることになるが、新元号がどのような名称になるかは、１カ月前の２０１９年４月までは公表されない。わずか１カ月の間にさまざまな準備をしなければならない。システム上のトラブルも想定され、元号を用いることに伴う国民全体のコストについての論議が求められている。

バブル崩壊で口火を切った「平成の大停滞」

時代の変化を振り返れば、明治と昭和の躍進が大きかったのに対し、平成は、少なくとも経済状況から見る限り、停滞した時期であった。明治の明も、昭和の昭も明るいとの意味を持つのに対し、平成の平は平らかであり、成長しないという意味合いにもとれる。実際に、平成とはどのような時代であっただろうか。

平成を象徴するいくつかの出来事がある。まず思い浮かぶのが、バブルの崩壊だ。平成の発足とともに、バブル崩壊が始動したと言っても過言ではない。株価は1989年12月29日が高値となった。大都市の不動産価格は、1年遅れて1990年末がピークとなったが、それ以後の約25年間にわたり、長期低迷、大規模調整局面が継続したのである。

第二に、この時代の大きな出来事として、1995年の阪神・淡路大震災と、その2カ月後に発生した地下鉄サリン事件を挙げることができる。2018年にオウム真理教事件で死刑が確定した死刑囚に対する死刑執行が強行された。多くの死刑囚が再審を請求しているさなか、オウム真理教幹部による地下鉄サリン事件等の重大凶悪事件に関して、真相究明が十分でないとの指摘が残存した。

松本サリン事件で、一時容疑者にされかけた河野義行氏はオウム事件死刑囚の死刑執行後に、インタビューに応じて、「事件の真相はその人に聞かないと分からない。本当の真実はなくなった」、「本来、宗教は人を幸せにする。死刑囚自身や家族、大勢の市民を不幸にしたのは残念で、死刑は悲しい出来事」、「人は間違う。それでも死刑制度を維持するのは、かけがえのない命を軽視していること」と述べている。

オウム事件関連の死刑執行が、平成という一つの時代に区切りをつけるとの意味で強行されたのが、２０１８年である。

死刑執行の前夜、安倍首相と死刑執行を命令した上川陽子法務大臣が、「赤坂自民亭」なる飲み会で祝杯をあげていた。折しも西日本を中心とする集中豪雨の被害が広がり、各地域で避難勧告等が出されていた局面である。自民党議員多数が、国会議員の赤坂宿舎を舞台に大掛かりな飲み会を開催し、その飲み会である「赤坂自民亭」の女将を上川陽子氏が務め、安倍首相がメインゲストとして参加していた。死刑の重みのかけらも考慮しない行動だった。

西日本豪雨は、各地の被災地に対する避難情報・避難指示が的確に行われず、２００人以上の犠牲者を出すという、平成最大級の自然災害となった。ＮＨＫは災害特別報道体制を敷き被害の最小化に務めるべきところ、オウム真理教死刑執行問題に報道時間の多くを費やした。ＮＨＫは安倍内閣の支持率を上昇させるための協力活動として、災害特別報道体制を敷かずにオウム真理教報道に多大の時間を割いたのだと見られるが、これが被害拡大をもたらした一因になったことは否めない。

安倍内閣が、オウム真理教死刑囚の死刑執行を強行したこと自体が、このオウム真理教事件が平成という時代の大きな象徴的出来事であったことを意味している。

同じく1995年に阪神・淡路大震災が発生した。地震に伴う火災が拡大したこともあり、犠牲者が6343人に達する大惨事になった。

そして、この平成時代を象徴するもう一つの重大な出来事が、2011年3月11日の東日本大震災と、東京電力福島第一原子力発電所の過酷な原子力事故である。福島原発事故はいまなお収束せず、その影響が残存している。福島原発の処理は滞り、原発事故発生の原因すら解明されていない。にもかかわらず安倍内閣は、日本全国の原発再稼働に突き進んでいる。大資本の利益を最優先する安倍内閣の経済政策は、さまざまなかたちで日本経済に影響を与え、株式市場にも影響を与えている。

2012年12月の第二次安倍内閣発足後、株価水準は大幅に上昇しており、この期間の企業の収益状況に焦点をあてるならば、その経済政策が大企業にプラスに寄与したことは間違いない。しかしながら、その政策が中長期にどのような帰結をもたらすのかは確定していない。

消費税増税決定翌日から始まった株価大暴落

筆者は1991年5月から1993年の5月まで、京都大学助教授（経済研究所）の立場で経済政策運営についての提言を発表し続けた。平成の失われた10年が失われた20年になり、長期低迷の30年間を経過することになった、その出発点にこのバブル崩壊があった。このバブル崩壊を深刻化させたのが日本の経済政策運営の失敗である。

１９９０年代前半の日本の経済政策は、失策の上に失策を重ねたものであった。詳細は拙著『金利・為替・株価の政治経済学』（岩波書店）、『現代日本経済政策論』（岩波書店）などに詳しいので深入りは避けるが、バブル崩壊に伴う資産価格暴落の影響を的確に認識できなかったことが、第一の誤りである。

失策の主犯は当時の大蔵省である。財政政策を担う大蔵省が、赤字国債発行ゼロを実現したことに引きずられて、政策対応の著しい遅れを主導した。早期に事態の深刻さを認識し、経済悪化を軽微にするための政策対応を示していれば、バブル崩壊の傷は、はるかに軽微に抑えられたと考えられる。筆者の強い提言がようやく浸透して、１９９２年から１９９６年にかけて経済活動を支えるための政策対応が実行に移され、バブル崩壊始動から６年が経過した１９９６年に、ようやく日本経済再浮上の軌道が確立された。日経平均株価も２万２０００円台にまで回復したのである。

その１９９６年の年初から筆者が主張し続けたのが、１９９７年度増税圧縮の必要性だった。筆者は１９９６年２月のＮＨＫ「日曜討論」で、不良債権の規模が実質的には１００兆円水準に達していると考えられ、この問題が存在するなかで、過度に緊縮的な財政政策運営を強行すれば、経済の再悪化がもたらされ、その予想から資産価格が急落し、結果として、不良債権問題が噴出して金融危機を招く恐れが高いことを力説した。当時、経済企画庁経済研究所長を務めていた吉冨勝《よしとみまさる》氏は、そのようなふざけた内容を前提に議論するのでは話にならないとの対応を示した。

橋本龍太郎政権は、1996年6月25日に1997年度の消費税率2%引き上げの方針を、閣議決定した。株価は翌日の1996年6月26日の2万2666円を起点に1998年10月9日の1万2879円へと2年3カ月で1万円の暴落を演じた。

1997年度消費税増税が実施されると、それを背景に経済の急激な悪化が始動し、株価下落とあいまって金融機関の不良債権問題が噴出することになった。1997年11月3日に三洋証券が破綻。11月17日には北海道拓殖銀行が破綻。さらに、11月24日には山一證券の破綻が表面化した。さらに事態は深刻化し、1998年には日本長期信用銀行、日本債券信用銀行の破綻が生じ、日本経済は金融恐慌の淵に足を踏み入れた。

1998年の参院選で橋本龍太郎氏が率いる自民党が大敗し、橋本首相は辞任に追い込まれた。橋本内閣は、筆者が消費税増税問題で橋本内閣の政策運営を厳しく批判したことが原因であったと理解していたようだ。野村證券の秘書室から、官邸筋から大きな圧力がかかっていることを聞いた。1997年の第2次証券不祥事摘発との関連を、やはり野村證券秘書室から聞いたこともある。

しかしながら、橋本龍太郎首相自身は、その後、橋本氏が領袖《りょうしゅう》を務める自民党平成研究会の会議に筆者を講師として招き、１９９０年代から２０００年代初頭にかけての経済政策についての解説を熱心に聴講された。その上で、財務省＝大蔵省の誘導に乗った政策運営の誤りを正当に肯定されたのである。

小泉政権が繰り返した悪夢の経済政策

２００１年から２００６年に政権を担った小泉純一郎氏は、１９９７年度の橋本政権と同じ過ちを繰り返した。小泉氏が自民党党首に就任した２００１年の自民党総裁選に橋本龍太郎氏が出馬したのは、小泉氏が同じ過ちを繰り返さぬようにするためであった。しかし、超緊縮財政運営を掲げた小泉純一郎氏が総裁選で勝利し首相の椅子を手にしたのである。

１９９８年に橋本内閣に代わり小渕内閣が登場した。小渕内閣は、まずは経済の浮上を優先するとともに、不良債権問題を処理するための抜本策策定に踏み切った。小渕内閣は経済を浮上させるために大型財政政策を決定したのである。その結果として、２０００年４月12日には、日経平均株価が２万８３３円の水準に回復した。小渕内閣は金融恐慌の危機から日本経済を救出したのである。

しかしこの２０００年に、新しい悲劇が襲った。小渕首相が急逝され、森喜朗内閣が発足したのである。森内閣は財務省の路線にそのまま乗せられてしまった。そして、1年後の2001年4月、小泉純一郎氏が首相に就任した。筆者は、小泉内閣が誕生し、公約通りの経済政策を実行すれば、日本経済は最悪の状態に陥ると明言した。実際に日経平均株価は2000年4月12日の2万833円から、2003年4月28日の7607円へと、3分の1水準に暴落した。

小泉内閣は超緊縮財政政策を実行し、「退出すべき企業は市場から退出させる」と宣言した。このなかで、2002年から2003年に「創作」された問題が、りそな銀行危機である。

2002年9月末の内閣改造で新たに金融担当相を兼務することになった竹中平蔵氏は、金融再生プログラムを提示した。金融機関の自己資本比率を算定するルール変更を持ち出したのである。しかも、そのルール変更を2003年3月末決算から適用すると言い始めた。試合の途中でルールを突然変更するという暴挙に金融機関は猛反発した。

しかしながら、この騒動のなかで、金融再生プログラムに猛反発した中心人物の一人である三井住友銀行の西川善文頭取は、竹中平蔵氏と密かに接触し、米国のゴールドマン・サックス社から資本を調達する段取りをつけていたことが、のちになって判明する。

2003年3月末決算において、自己資本の状況に懸念が持たれる金融機関は複数存在した。そのなかでりそな銀行だけが標的とされ、人為的に自己資本不足に追い込まれたのである。

りそな銀行は大和銀行と埼玉銀行が合併して創設された銀行であり、その新銀行の設立記念パーティが、東京・名古屋・大阪で開催された。筆者はその3カ所の設立記念パーティの記念講演をすべて務めた。りそな銀行の当時の頭取は、小泉政権の経済政策運営を厳しく批判していた。その急先鋒であった私が、新銀行設立の記念講演に招かれたのだ。２００3年3月末決算においてりそな銀行が標的とされたのは、この経緯を踏まえて、りそな銀行の経営者を攻撃することを目的としたものであったと推察される。

金融機関は、監査法人と協議のうえで、自己資本比率を確保して決算を迎える。ところが、3月末を越えた時点で監査法人に圧力がかかり、繰り延べ税金資産の計上について、計上を認めないという流れが作られた。りそな銀行の監査を担当する朝日監査法人の担当会計士は、上層部からの、計上を認めないとの圧力に抵抗したと見られる。この会計士は、会議の直後、自宅マンションから転落死してしまった。りそな銀行を自己資本不足に追い込むうえで、邪魔な存在になったのだと考えられる。

結局、りそな銀行は自己資本不足に追い込まれたが、そのりそな銀行を、驚くことに、小泉内閣が公的資金で救済した。「退出すべき企業は、市場から退出させる」を基本としていたはずの小泉内閣が、りそな銀行を「退出させる」のではなく、「公的資金で救済」した。

人命が奪われた「平成の黒い霧事件」の結末

繰り延べ税金資産計上を通常どおり5年分認めていれば、りそな銀行は決算をクリアしていた。この問題を追及していた木村剛氏は、りそな銀行の繰り延べ税金資産計上は、ゼロまたは1年以外はありえないとの見解を示していた。しかし、最終的には、理屈で説明のつかない「3年計上」という決着になった。

ゼロまたは1年計上の場合、りそな銀行の自己資本はマイナスになり、りそな銀行は破綻処理されることになる。りそな銀行は市場から「退出させられる」ことになる。5年計上を認めれば、りそな銀行は決算をクリアして健全行扱いとなる。唯一、3年計上とした場合のみ、りそな銀行は自己資本比率の基準を満たさないが自己資本がマイナスに転落しない。この場合にのみ、公的資金による救済が可能になる。

正当なプロセスを経て公的資金による救済が決定されたのではなく、人為的な操作によってりそな銀行が公的資金で救済された。銀行が救済される一方で、経営者は一掃された。銀行には2兆円もの公的資金が投入され、この「政府お抱え銀行」の経営者に小泉・竹中近親者が送り込まれて、実質的にりそな銀行は乗っ取られたのである。

竹中金融相は2002年10月に大銀行について、「大きすぎるから潰せないとの立場を取らない」ことを明言した。この発言を受けて、大銀行破綻＝金融恐慌もあり得るとの前提で、大多数の投資家が株式を投げ売りした。その結果、株価が７６０７円にまで暴落したのである。ところが、最後の局面で、「人為的操作」によってりそな銀行が公的資金で救済された。大銀行破綻があり得るとの前提で株価が暴落していたのであるから、公的資金で大銀行が救済されれば、株価は当然のことながら猛烈に反発する。

２００３年2月の閣議後懇談会で竹中平蔵氏は、日経平均連動投信であるＥＴＦは「買えば絶対儲かる」と発言して騒動になった。この時点で、最終的にりそな銀行を人為的に公的資金で救済するシナリオが存在していたのだろう。シナリオを伝授したのはハゲタカ外資であると考えられる。詳細は拙著『日本の独立』（飛鳥新社）第11章「平成の黒い霧（２）りそな銀行の乗っ取り」に詳述しているので参照賜りたい。

救済されたりそな銀行幹部に小泉・竹中氏の近親者が送り込まれた。そして驚くことに、りそな銀行は救済直後から自民党に対する融資を激増させた。この事実を２００６年12月18日付の朝日新聞が一面トップ特大で報じた。りそな銀行の対自民党融資激増という記事だった。しかし、この記事を執筆した記者が、その前日に東京湾で水死体で発見されたと伝えられている。

筆者は、りそな銀行が救済された直後のテレビ番組において、りそな銀行株式に関する売買手口を証券取引等監視委員会が調査すべきであることを明言した。りそな銀行をめぐっては、担当監査法人会計士と朝日新聞記者が死亡したとされており、そして筆者も巨大な冤罪事件に巻き込まれていくことになったが、まさに「平成の黒い霧」事件の重要な一角を示すものになっている。

平成の終わりと新たなバブル崩壊の兆し

2003年のりそな救済から2007年にかけて、日本の資産価格は上昇した。米国において超金融緩和が一種の不動産バブルを生んだ時期でもある。日本においても不動産市場を中心に、ミニバブルが形成された。しかし、2007年から2009年にかけて、新たなバブル崩壊が発生した。米国発のサブプライム金融危機である。

米国では、金融緩和によって不動産価格が上昇した。これに伴い信用力の乏しい借り手に対する資金融通が拡大した。サブプライムローンと呼ばれるローンである。返済能力が乏しいが、ローンによって購入した資産価格が上昇すれば、その貸付債権は不良資産化しない。このようなメカニズムで通常よりは高い金利のローンが組成された。その規模は1兆ドルから1・5兆ドル規模で、金額的にとりわけ大きいものではなかった。

しかしながらこのサブプライムローンを原商品として、さまざまな派生金融商品が組成された。デリバティブと呼ばれる金融商品である。その想定元本は、600兆ドルにも達した。円換算では、6京円という、通常用いられることのない単位にまで組成規模が拡大したのだ。

ところが、２００６年を境に不動産価格が下落に転じた。これに伴い、サブプライムローンの不良債権化が始まり、そのサブプライムローンを原商品として組成されたデリバティブ金融商品の損失が発生することになった。６京円規模の金融商品に１％の損失が発生しただけで、その損失は６００兆円になる。日本のバブル崩壊に伴う債権損失額は１００兆円から２００兆円と推定される。それをはるかに上回る損失が表面化するリスクが世界の金融市場を覆った。

サブプライム金融危機が世界を危機に巻き込み、金融恐慌を現実化させる局面が到来した。幸いだったのは、この局面のＦＲＢ議長がバーナンキ氏だったことだ。バーナンキは大恐慌研究家で、金融恐慌発生の危機に対し、無制限、無尽蔵の資金供給の必要性を訴え、実際にこれを実行した。この政策介入には賛否両論があるが、結果として金融恐慌は発生せずに済んだ。２００９年３月以降、米国経済は回復過程をたどり始めた。また、２００９年１月に米国大統領に就任したオバマ氏は、就任直後に総額７８７０億ドルの景気対策法に署名した。円換算で70兆円を超える財政出動を決定したのである。

１９９０年代から２０００年代にかけて、筆者は財政政策対応が必要になる局面は存在することを主張した。筆者の主張の中心は、行きすぎた緊縮財政が経済の回復を妨げる原因になるというものだったが、積極的な財政政策発動が必要になる局面はあり得るとの主張を示した。しかし、当時の日本の学会や言論界の圧倒的多数勢力が、財政政策対応全体を時代遅れ＝オールドファッションだと決めつけていた。たしかに、海外でそのような論調が目立っていたということが背景にはある。

ところが、2009年にかけて米国で金融危機が発生し、これへの対応として積極財政政策が実際に活用され、実効性があったことが確認されるや否や、彼らは手のひらを返したように論調を変えた。財政政策を全面否定していた者たちが、一斉に財政政策の有効性を唱え始めたのである。日本の学会のレベルはこの程度のものだ。

平成という時代を振り返った。1989年末のバブルのピークから、30年の時間が経過しようとしている。この間、1996年の浮上チャンスは消費税増税で破壊された。その後、2000年と2007年に経済浮上があったが、二度とも挫折した。2003年の転落は小泉・竹中内閣の行きすぎた緊縮政策と大銀行破綻示唆の政策運営が主因だったが、ITバブル崩壊も一因ではあった。2009年の転落は米国発のサブプライム金融危機を背景としていた。

こうして見ると、ほぼ10年サイクルで中規模のバブル生成とその崩壊という循環が形成されていることが分かる。2009年3月のサブプライム危機のボトムから、2019年3月で満10年という時間が経過する。2009年3月から主要国の株式市場では、三次にわたる上昇波動を形成し、その直後に2018年の調整局面を迎えた。

2018年9月には1月安値を更新する株価変動が日米市場などで観察されたが、この上昇が永続する保障はどこにもない。むしろ、2009年3月から満10年の時間を迎える2019年に向けて、新たなバブル崩壊局面が到来する蓋然性が高まりつつあると考えられるのである。

2　2019年の重要イベント

今上天皇の退位と新天皇の即位

２０１９年は重要イベントが目白押しの年になる。

最大のイベントは、改元である。２０１９年4月30日をもって、平成という時代が幕を閉じる。既述したように、平成は日本にとって試練の時代であった。平らかに成るというのが平成の意味だが、実際には大きな波乱と長期低迷に見舞われた時代だった。２０１９年5月1日に新しい元号に移行する。この新時代がどのような展開をたどるのか、極めて興味深い。

改元という大きなイベントに関連して、いくつかの重要な皇室関連行事が予定されている。まず、1月7日には、昭和天皇の崩御30年式年祭が挙行される。昭和天皇が死去して新しい時代が始まったのが30年前のこと。日本のバブル崩壊とその後の長期低迷時代と重なるのが、平成という時代であった。

2月24日には、平成に移行して30年の時間が経過したことを祝う今上天皇の在位30年記念式典が執り行われる。そして、4月30日をもって、今上天皇が退位する。退位礼正殿の儀が執り行われ、翌5月1日に、即位後朝見の儀が執り行われる。これらの皇室行事は、すべて国事行為として実施されることになる。さらに、年の後半にあたる２０１９年10月22日に即位礼正殿の儀が挙行される。新しい時代の天皇の即位を記念する式典である。

１９９０年11月に執り行われた今上天皇の即位礼正殿の儀には、１５８カ国から国家元首級の賓客が訪日した。国王7名、大統領46名、首相11名である。この国賓級クラスの人物の大量訪日に際して、58カ国の首脳と首脳会談が行われ、57の外相会談が行われた。２０１９年10月22日に実施される即位礼正殿の儀においても、多数の元首クラスの訪日が見込まれている。

注目される国際的イベントの数々

２０１９年の大きなイベントは皇室行事以外にもある。フランスのビアリッツで実施される主要国サミットについては、日程がまだ確定していない。例年の慣行からすれば5月から6月にかけてのいずれかの時期の開催になる可能性が高い。

この前後にあたる6月7日から7月7日にかけては、女子のＦＩＦＡワールドカップサッカー大会がフランスで開催される。なでしこジャパンの出場が予定されており、二度目のワールドカップ制覇が実現するのかどうか、国民の関心が大いに高まることが想定されている。

さらに、９月20日から11月２日にかけて、ラグビーのワールドカップが日本で実施される。日本チームの出場試合は、９月20日、９月28日、10月５日、10月13日に予定されている。決勝戦は11月２日の予定である。このラグビーワールドカップ日本大会が開催されているさなかに、先述した、新天皇即位のための儀式である即位礼正殿の儀が執り行われる。１５０カ国を超える世界各国・地域から、国家元首クラスの訪日が見込まれる。首都圏のホテルは満杯となり、警察当局による警備は最大規模に達すると予想される。

これに先立つ６月28日から29日にかけては、大阪でＧ20サミットが開催される。Ｇ20サミットでは、主要７カ国に加え、ブラジル、ロシア、インド、中国、南アフリカの新興国、いわゆるＢＲＩＣＳ諸国、インドネシア、メキシコ、韓国、オーストラリア、トルコ、アルゼンチン、サウジアラビアが参加する。会議への参加国は、延べ35カ国に達するとみられる。安倍首相にとっては、国民に政権をアピールする極めて重要なチャンスになる。

さらに８月28日から30日にかけて、横浜でアフリカ開発会議が開催される。ＴＩＣＡＤと呼ばれる会議だ。東京インターナショナル・カンファレンス・オン・アフリカン・デベロップメントが正式名称で、今回が第７回の総会になる。ＴＩＣＡＤは１９９３年に第１回が開催された。第１回参加国は25カ国で、国家元首クラスの参加は６カ国に留まった。１９９３年から２０１３年までは５年ごとの開催だったが、２０１３年以降、３年ごとの開催になった。

２０１３年６月に横浜で開催された第５回ＴＩＣＡＤにおいては、アフリカ諸国54カ国中51

カ国が参加し、元首クラスの参加が39カ国に拡大した。２０１６年8月には第6回会議がナイロビで開催され、第7回ＴＩＣＡＤが２０１９年8月28日から30日に横浜で開催される。

参議院選挙はいつ行われるのか？

日本経済および日本の金融市場に与える影響という視点から、２０１９年のスケジュールを点検するならば、最重要事項はやはり、夏の選挙と10月の消費税増税ということになる。

１９９８年以降の夏の参議院選挙で政権与党が敗北を喫した選挙が、１９９５年、１９９８年、２００４年、２００７年である。

１９９８年は橋本龍太郎内閣が消費税増税実施により金融大動乱を引き起こし、そのさなかで実施された選挙である。日経平均株価がバブル崩壊後の安値を記録したのが、１９９８年10月9日の1万２８７９円である。１９９６年6月26日に2万２６６６円であったものが、2年3カ月で1万円の暴落を演じた。この過程で、金融恐慌に類似した状況が発生したことは既述のとおりだ。

２００４年は小泉政権が、人為的に創作した２００３年のりそな危機を、公的資金による銀行救済という「改革路線」とは真逆の対応でなんとか逃げ延びたけれども、自民党幹部の年金未納問題などへの批判が高まった時期である。民主党代表は、同じく年金未納問題が指摘された菅直人氏に代わり岡田克也氏となり、この岡田民主党体制の下で選挙が行われた。選挙の結果、自民党は49議席と開戦前から１議席減らし、民主党が50議席を獲得して改選第一党になった。民主党は得票率で選挙区、比例代表のいずれにおいても自民党を大きく上回った。

そして２００７年の参議院選挙である。安倍首相は、年金データの不備について最後の一人まで責任を持ってデータを明らかにすると強弁したが、実現できなかった。そのなかで参議院選挙が挙行され、惨敗した。

７月の選挙は、10日前後に行われているもの、20日前後に行われているもの、月末の29日に行われているもの、この３通りがある。

２０１９年の参議院議員通常選挙は２０１３年の参院選で選出された議員の任期満了に伴う選挙であり、任期満了日は７月28日である。

参議院選挙はこの任期満了日から遡って、30日以内に実施されることになる。可能性のある日程は、６月30日、７月７日、７月14日、７月21日、７月28日の５日である。

６月30日は、Ｇ20大阪会議が６月28日から29日に開催される直後の投票日であり、17日間の選挙活動期間中にＧ20会合が入ることになり、首相をはじめとする閣僚の選挙運動を十分に行えないことから、まずは除外されるだろう。

７月７日は仏滅にあたる。過去には、２０００年６月25日に実施された森内閣のもとでの、いわゆる「神の国」解散の投票日、１９８６年７月６日の中曽根政権下における「死んだふり」

解散の投票日が仏滅であり、完全に否定されるものではないが、7月7日の投票日も、6月28日から29日の大阪におけるG20会議が大きな障害になると予想される。

7月14日は、翌日の7月15日が海の日で国民の祝日となっており、3連休の中間日にあたる。国民の不評を買う日程であると言わざるをえない。

残る候補は、7月21日と7月28日であるが、12年前の2007年の参議院選挙で安倍自民党が敗北した日程が7月29日だった。この二の舞いを演じたくないと考えるのであれば、7月28日は可能性として低下するのではないか。

7月21日は、夏休み入り後最初の日曜日であり、国民が行楽に出掛けやすい日取りであるが、安倍自民党としては、組織票頼みの選挙にならざるをえず、投票率の低下が望ましいというのが本音である。また、夏休み最初の日曜日であっても、期日前投票を活用する国民が増加しており、必ずしも大きな障害になるとは考えにくい。こうした諸点を考えるならば、7月21日の参議院選挙実施というシナリオが、最有力候補として浮上してくる。

沖縄県知事選が安倍政権に与えた衝撃

この参議院選挙に重大な影響を与えるのが、2018年9月30日に実施された沖縄県知事選挙である。沖縄県知事選挙は、当初11月に実施される予定だったが、現職の翁長雄志知事が8

月8日に急逝された。その結果、県知事選が2カ月前倒しで実施されることになった。翁長知事は、2014年の知事選での立候補に際して、「辺野古に基地を造らせない」ことを公約に掲げた。

実際には、知事就任後の埋め立て承認撤回、あるいは埋め立て承認取り消しの対応が遅れたため、安倍内閣によって辺野古米軍基地建設が強行推進されてきた。そして2018年8月17日には、海底への土砂投入が開始されるというギリギリのところまで追い詰められていた。そのギリギリの段階で、翁長知事は埋め立て承認の撤回に踏み切る考えを示していた。

すでに5月、翁長知事は膵臓がんを患っていることを公表していた。検査の結果、膵臓がんであることが判明し、その闘病を続けつつ、知事の職に留まったのである。そしていよいよ埋め立て承認の撤回に踏み切ろうとしたその段階で、急逝された。

沖縄県は翁長前知事の遺志を継いで、8月31日に埋め立て承認を撤回した。このことから、2018年9月30日に実施された沖縄県知事選の最大の争点が、再び、辺野古米軍基地建設の是非ということになった。安倍内閣は沖縄県が埋め立て承認の撤回を行った場合、ただちにこれを不服として法廷闘争に持ち込む計画を立てていた。そして11月の県知事選においては、辺野古基地問題については裁判所判断に委ねるとの姿勢を貫き、これを争点化させないとの戦術を構築していた。翁長知事の疾患が判明したが、翁長氏は出馬辞退の意思表示をしなかった。翁長氏がそのまま11月の知事選で再選を目指す路線が貫かれていた。

２０１４年の知事選において翁長氏を支えたオール沖縄という体制は、辺野古基地建設に反対する革新勢力に加え、同じく辺野古基地建設に消極的な保守勢力を合わせた体制であった。しかしながら、基地建設に対するスタンスには大きな温度差があり、これを背景に翁長氏は基地建設阻止に実効性のある埋め立て承認取り消し、ないし、撤回の措置を迅速には取らなかったのだと見られる。

そうしたなかで安倍内閣はアメとムチの政策を強化し、基地建設を受け入れるのであれば沖縄振興策に予算を注ぐが、辺野古基地建設を拒絶するなら、沖縄振興予算を減額するとの対応を強めたのである。このなかでオール沖縄陣営の保守勢力の一部が脱落し、このことが２０１８年2月の名護市長選挙における現職市長である稲嶺進氏敗北に繋がった。

オール沖縄体制の弱体化が指摘され、安倍内閣与党は、11月知事選において沖縄県知事ポスト奪還が確実であるとの感触を摑んでいたのである。ところが翁長知事が急逝し知事選最大の争点が辺野古基地問題になり、情勢が急変した。

翁長知事急逝ののち、オール沖縄サイドの知事選候補者擁立が難航し、安倍内閣与党プラス維新が推す前宜野湾市長佐喜眞淳氏の当選が確実視されるに至った。ところが翁長氏が、急逝する直前に後継候補として、オール沖縄の共同代表を務めてきた金秀グループの総師である県屋守将氏と、沖縄選出の自由党衆議院議員である玉城デニー氏の名前を挙げたという音声録音データの存在が明らかにされ、急転直下、自由党衆議院議員の玉城デニー氏の出馬が決まった

沖縄での国政選挙政党別得票数（比例代表選挙）

比例代表区	自由民主党	公明党	次世代・こころ
2017/10	140,960	108,602	7,278
2016/7	160,170	86,897	7,627
2014/12	141,447	88,626	6,411

比例代表区	希望の党	民主・民進党	立憲民主党	日本共産党	社会民主党	生活の党
2017/10	84,285		94,963	75,859	70,876	
2016/7		76,548		90,061	69,821	18,352
2014/12		49,665		79,711	81,705	28,525

のである。

筆者は２０１７年10月の衆議院議員総選挙における沖縄県での比例代表選挙の得票状況を踏まえ、玉城デニー氏の基礎票が33万票、佐喜眞淳候補の基礎票が30万票であることをブログ等で公表した。そして、保守系で辺野古基地建設に反対する主権者は、玉城氏投票に回る可能性が高いことから、沖縄県知事選の政党別の支援動向を踏まえ、玉城氏が基本環境としては優勢であるとの分析結果を示した。

しかしながら、安倍内閣は辺野古基地建設を推進するうえでも、また、２０１９年参議院選挙に向けた体制を確立するうえでも、沖縄県知事選勝利が絶対的に必要であり、総力を結集した。

自民党と連立与党を構成する公明党は、創価学会会長が現地に入り、全国から動員をかけて佐喜眞氏勝利に向けての総力戦を展開した。安倍内閣の菅義偉官房長官と、小泉進次郎筆頭副幹事長は、沖縄に３回遊説で足を運んだ。小池百合子東京都知事も、自民党幹事長二階俊博氏との関係性の深さから、沖縄入りして応援演説に立った。安倍内閣は予算権限を盾に露骨な利益誘導選挙を展開し、佐喜眞氏が当選するとの見立てが広範に広がったのである。

しかしながら結果は、玉城デニー氏の圧勝に終わった。玉城デニー氏が39万6632票、佐喜眞淳氏が31万6458票。8万票の大差をつけて、玉城デニー氏が圧勝したのである。玉城氏の得票は、1998年の知事選で稲嶺恵一氏が獲得した37万4833票を超えて、沖縄県知事選で過去最多の票となった。安倍内閣の衝撃は計り知れない。

2018年9月20日の自民党総裁選において安倍氏は、議員票において329対73の大差を石破茂氏につけたが、党員票においては55％対45％というよもやの接戦に追い込まれた。安倍批判票がうなりをあげて拡大してきていることが判明している。その総裁選直後の安倍内閣の求心力維持のために、絶対に負けることができなかった沖縄県知事選で、大惨敗を喫したのである。

この選挙においては、自民公明の安倍内閣与党に加え、維新が佐喜眞氏を支援した。維新はすでに自公の補完勢力に転じている。これに対し安倍政治打倒を目指す勢力が、オール沖縄というかたちで一本化して玉城デニー氏を支えた。立憲民主、国民民主、共産、自由、社民、そして沖縄の社会大衆党と会派おきなわが共闘を構築して、安倍自公＋維新が推す候補者に対峙した。その結果、僅差ではなく8万票の大差をつけての、反安倍陣営の圧勝になった。

憲法改正と公明党のスタンス

２０１９年７月参議院選挙において、反安倍陣営が結束を強化して候補者を完全に一本化して選挙に臨めば、安倍内閣与党の大敗が現実のものになる可能性がある。その場合には、参院選後ただちに安倍下ろしが本格化し、安倍政権が終焉する可能性が高まる。

現状を踏まえるならば、安倍内閣としては２０１９年７月の参院選に向けて、起死回生の策を打つ必要が生じる。安倍首相は２０１８年10月に招集した臨時国会において、憲法改正の発議を強行する構えを示している。

しかしながら、公明党の山口那津男代表を六選した公明党大会において、安倍首相が足を運んだその壇上で、山口代表が、憲法改正の機が熟していないと明言した。憲法改正を発議しても、国民投票で否決されれば憲法改正は実現しない。憲法改正を発議して国民投票で否決されれば、そのこと自体が内閣の命運を絶つ原動力になる。安倍首相は憲法改正問題の責任者に側近の下村博文元文部科学大臣を起用する人事を決定し、秋の臨時国会での憲法改正発議強行の構えを示すが、客観情勢はその暴走が成り立ち得ぬことを示唆している。

衆議院の任期は２０１７年10月に総選挙が行われたため、２０２１年10月まで3年の時間が残されている。しかしながら、２０１９年半ばに達すれば、衆議院任期の約半分を経過するこ

2017年10月衆議院総選挙結果

	改選前	今回	占有率	選挙区	比例	比例得票率	絶対得票率
自民	284	284	61.1	218	66	33.3	17.9
公明	35	29	6.2	8	21	12.5	6.7
日本維新	14	11	2.4	3	8	6.1	3.3
与党計	333	324	69.7	229	95	51.9	27.9
立憲民主	15	55	11.8	18	37	19.9	10.7
希望	57	50	10.8	18	32	17.4	9.3
共産	21	12	2.6	1	11	7.9	4.2
社民	2	2	0.4	1	1	1.7	0.9
無所属	44	22	4.7	22	0	*	*
野党計	139	141	30.3	60	81	46.9	25.2

とになる。2012年12月の総選挙以後、2014年12月、2017年10月に衆議院議員総選挙が実施されてきた。この間隔を踏まえれば、衆議院の解散総選挙が2019年夏に実施されないという保証はない。安倍首相が2018年秋の臨時国会で憲法改正発議を強行し、2019年7月に衆参ダブル選挙+憲法改正国民投票という、トリプル選挙に突き進むのではないかとの見立ても存在する。

しかしながら、すでに述べたような理由で、憲法改正は機が熟していない。無謀に強行突破を図れば、国民投票における否決という事態に遭遇しかねない。イギリスでキャメロン首相が辞任に追い込まれたのも、安易な国民投票の実施が原因であった。イタリアでも同様である。この点を踏まえれば、憲法改正で強行突破するシナリオは、確率的には高くはないと考えられる。

市場経済は格差を生み、そして格差拡大は加速する

これに対しもう一つの可能性が存在する。既述のとおり、２０１９年10月に予定されている消費税増税を三たび延期するというものだ。消費税が導入されたのは、１９８９年度である。税率３％から消費税という制度が始まった。その３％の税率が１９９７年度に５％に引き上げられ、２０１４年度に８％に引き上げられてきた。この消費税増税について、大多数の国民は財政再建や社会保障制度維持のためには、やむをえない負担の増加だと信じ込まされてきた。

ところが、真実はまったく異なる。既述したが、消費税が導入された１９８９年度と２０１６年度の税収およびその内訳を比較してみると、驚くべき事実が判明する。税収全体の規模は55兆円で、ほぼ同水準である。１９８９年度と２０１６年度の間には、27年という時間が横たわる。しかし、税収規模は、ほぼ同額なのである。日本経済が30年間の停滞を続けてきたことの証左でもある。

しかしながら、この27年間に税収の構成比は激変した。所得税は年額で約４兆円減少した。法人税にいたっては、年額で約９兆円の減少をみている。その一方で消費税だけが年額で14兆円もの増加を示している。14兆円の負担増は単年度のものである。つまりこの27年間の税収およびその内訳の推移は、消費税増税が財政再建や社会保障維持のために実施されたものではな

超富裕層に対する超絶優遇税制の実態

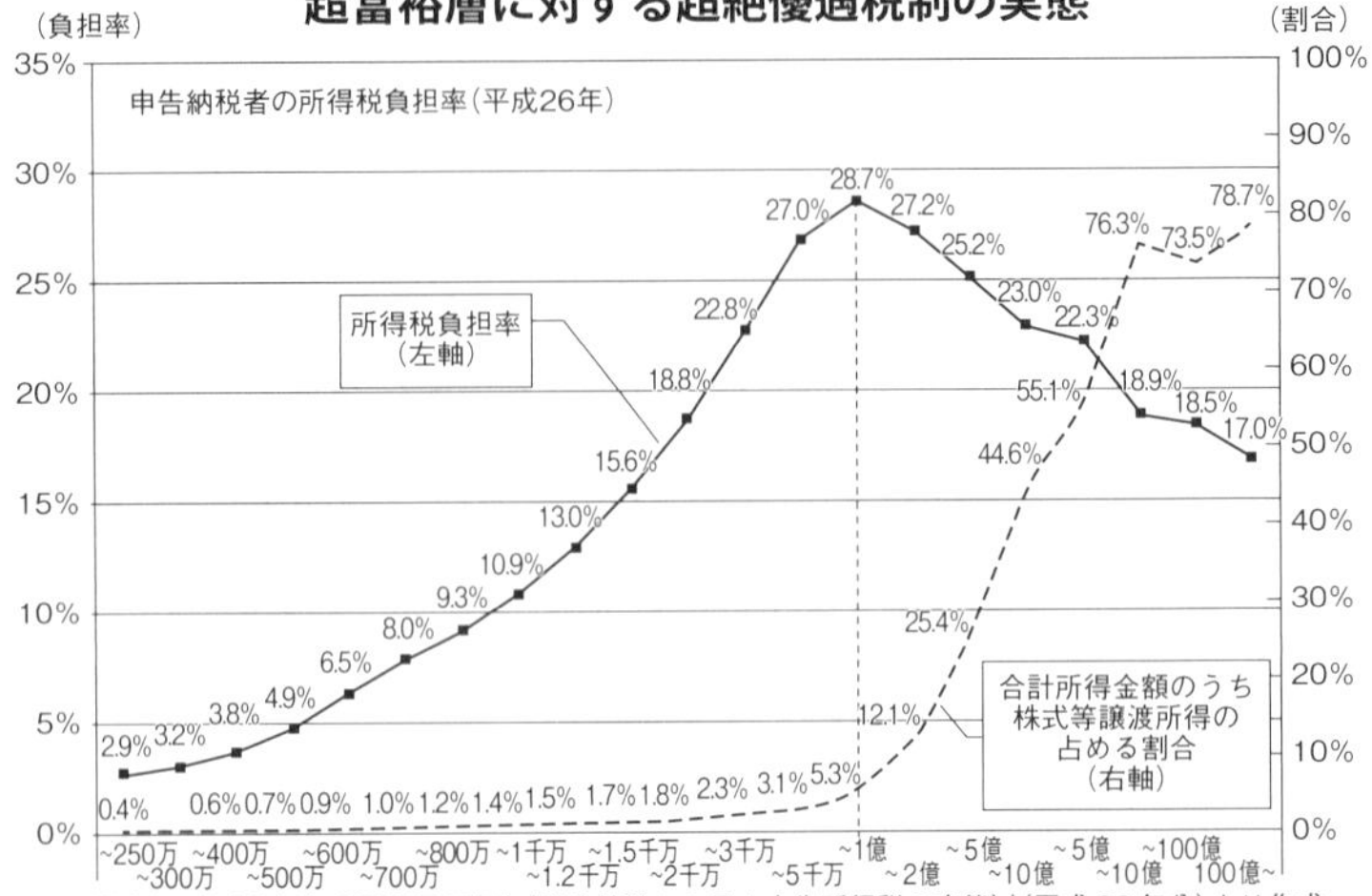

（備考）国税庁「申告所得税標本調査（税務統計から見た申告所得税の実態）」（平成26年分）より作成。
（注）　所得金額があっても申告納税額のない者（例えば還付申告書を提出した者）は含まれていない。また、源泉分離課税の利子所得、申告不要を選択した配当所得及び源泉徴収口座で処理された株式等譲渡所得で申告不要を選択したものも含まれていない。

く、ただひたすら法人税減税と所得税減税のためにだけ実施されてきたことを示している。

所得税と消費税の最大の相違は、所得税が所得の増加に伴い税負担率が上昇するという、いわゆる「能力に応じた課税」をベースとしているのに対し、消費税の場合には所得がゼロの納税者にも年間所得が10億円の納税者にも、まったく同じ税率が適用されるという点にある。

所得税の場合、条件によって当然異なるが、夫婦子二人（大学生・高校生）で片働きの給与所得者の場合、給与収入が354・5万円までは、所得税負担が発生しない。これを、課税最低限と呼ぶ。所得が350万円までの労働者は所得税納税が免除されている。

しかしながら消費税の場合は、所得がゼロの個人に対しても8％の税率が課せられる。

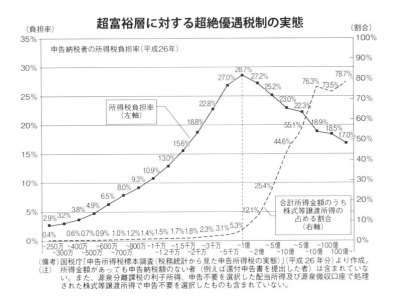

しかも、生活必需品等の免税措置も存在しない。他方、年収が10億円、100億円の個人に対しても、適用される税率はまったく同じ8％なのである。

財政には資源配分機能、景気安定化機能、所得再分配機能の三つの機能があるとされる。税金によって集めた資金を国民にとって必要な分野に支出する。これが、資源配分の機能である。不況のときに積極財政を行い、好況時に緊縮財政を行う。これが、財政の景気安定化機能である。好況のときには税収が増加し、社会保障支出が減る。逆に不況の場合には税収が減り、社会保障支出が増える。景気変動に伴う財政支出と税収の変化が景気を安定化させる機能を持っている。これは財政の景気自動調整機能と表現されるものだ。

そして第三の機能が、所得再分配機能である。所得の多い個人から多くの税金を調達し、これを社会保障支出などに回す。

市場経済は格差を生み出す。そして、格差拡大は加速する。富める者はより富み、乏しい者がより乏しくなる。これが、市場原理のもたらす結果である。一方で20世紀以後の現代社会においては、すべての国民に対して最低限の生活水準を保障するという「生存権」の考え方が重視されてきた。そのために中心的な役割を担っているのが、財政政策である。

日本の過去27年間の税収変化は、財政の所得再分配機能を破壊するものであった。所得税負担は年額で4兆円減税されてきたが、その減税の恩恵を受けてきた中心が富裕層である。所得税制度においては、所得が増えるに従い税負担率が上昇するという、累進税率構造が想定されてきたが、これは、机上の空論である。年収が1億円に達するまでは、収入金額に対する税負担率が上昇する。しかし、年収水準が1億円を超えると、税負担率は所得増加とともに低下していく。その理由は、富裕層の所得の大半を金融所得、株式譲渡益所得が占めるからである。利子配当および株式譲渡益に対しては、その所得金額に対して、20％等の一定率での分離課税が認められている。このために、所得が増加するにつれて、税負担率が軽減される。

世界的に見て高くない法人税が減税された真の理由

また、法人税が9兆円減少した。法人税減税を行うべきかどうかについては、長い間、議論があった。その議論のなかで、２００７年11月に政府税制調査会が一定の結論を示している。「抜本的な税制改革に向けた基本的考え方」と題する答申である。このなかで、日本の法人の税および社会保険料負担についての検証が行われている。諸外国と比較して、日本の法人の税および社会保険料負担が高いかどうかを検証している。

この政府税制調査会報告は、日本の法人の税及び社会保険料負担は、諸外国と比べて必ずしも高いとは言えないとの結論を示している。つまり、この時点において、法人税減税の必要性はないとの結論が日本政府の公式見解として示されたのである。

ところが、２０１２年度以降、法人税減税が繰り返し実施されてきた。政府税制調査会が法人税減税の必要なしと結論付けたにもかかわらず、２０１２年度以降に、大規模な法人税減税が強行実施されてきたのである。

理由が三つある。

第一は、消費税を増税する際に、政府や財政政策当局が消費税増税応援団を必要としたことである。法人税減税で恩恵を受ける最大の存在が、経団連企業である。経団連企業に利益を供与し、その見返りとして消費税増税への応援を求めた。

第二は、消費税増税を実現するために、情報操作が必要であることだ。経団連企業は、マスメディア・スポンサーの代表格である。スポンサーは民間メディアの情報発信の内容に有形無形の介入を行うことができる。財務省と日本政府は、経団連企業に利益を供与し、その見返りとして、消費税増税推進のためにマスメディアが情報操作を行うよう、経団連企業が働きかけることを要請したのだ。

第三は、法人税減税をハゲタカ外資が要求したことである。日本の上場企業の投資家別株式保有比率では、3割から4割がすでに外国資本となっている。外国資本は日本での利益極大化を狙うとともに、日本における納税負担の軽減を強硬に要求してきた。法人税負担の軽減は、ハゲタカ外資の指令に基づくものでもある。

27年間の日本の税収構造変化は、ハゲタカ外資に利益を供与し、1％の超富裕層に対する税負担軽減を行うために、一般庶民に重圧をかけ続けてきた行為そのものである。

日本の国家財政が破綻の危機に直面し、社会保障制度が崩壊の危機に直面している。これらの危機を回避するために広く国民に負担を求めるとの説明によって、大多数の国民が洗脳されてしまってきたが、真実はまったく違う。27年間の税制改変の実相は、法人税負担の大幅軽減、富裕層税負担の大幅軽減と、一般庶民からの過酷なむしり取りであった。

そして、１９９７年４月、２０１４年４月の消費税増税は、いずれも日本経済を撃墜する主因になった。２０１４年４月の消費税増税が日本経済を転落させた事実については、２０１５年版ＴＲＩレポート『日本の奈落』に詳しい。実質的に年率15％を超すマイナス経済成長率が記録されたのが、２０１４年日本経済の実態なのである。

１９９７年度と２０１４年度の消費税増税に向けて、日本経済新聞は「消費税増税の影響軽微」と題する大キャンペーンを展開した。二度にわたる日経新聞の大キャンペーンについて、筆者は完全な事実誤認であると主張し続けた。果たして日本経済は、１９９７年も２０１４年も、消費税増税によって完全に撃墜された。『日本経済新聞』は『日本重罪新聞』に名称を変更するべきだと感じる。

２０１４年11月と２０１６年６月に、安倍首相が消費税増税延期を決めた背景に、筆者の分析が存在する。

自民党総裁選で強い逆風を受け、沖縄知事選で一敗地にまみれた安倍首相が、２０２０年の東京五輪まで延命するためには、２０１９年の参院選を乗り越える必要がある。そのための唯一の方策が、おそらくは、消費税増税の再々延期である。２０１９年の通常国会終了直後に、消費税増税の再々延期を表明する可能性が高い。

しかしながら、この戦術で安倍内閣が延命し得るかどうかは定かでない。反安倍政治勢力の政策公約と選挙戦術に依存するが、安倍内閣が消費税増税再々延期を掲げ、衆参ダブル選挙に突入し、その結果として惨敗して、内閣総辞職に追い込まれるというシナリオも考えられる。

第３章

金融波乱の火種となる
トランプ大統領とＦＲＢ

1　グローバルな株価調整の行く末

ＦＲＢ議長交代が引き金となった金融波乱市場

２０１８年の金融市場は波乱の展開になると予測した。金融変動の中核に位置することになると想定したのが米国ＦＲＢによる金融政策の変化であった。トランプ大統領はジャネット・イエレン議長を更迭し、後任のＦＲＢ議長にジェローム・パウエル氏を起用した。パウエル氏はエコノミストではない。歴史的に見ても極めて異例のＦＲＢ議長への抜擢であった。

筆者は、実績、能力を兼ね備えているジャネット・イエレン氏の続投がベストな選択であると記述した。しかし、トランプ大統領は「大統領というものは人事に自分の印を残したいものだ」とコメントしたうえで、イエレン氏を退任させ、パウエル氏を新しい議長に抜擢した。筆者は、イエレン議長を退任させる場合、セカンドベストはパウエル氏の昇格であるとの判断を示した。これまでのイエレン路線を継承し、金融政策運営の安定化を実現し得る可能性が最も高かったからである。

ＦＲＢ議長の候補者は、５名に絞られていた。イエレン氏、パウエル氏以外に、元ＦＲＢ理事のケビン・ウォーシュ氏、国家経済会議（ＮＥＣ）委員長のゲイリー・コーン氏、そして、スタンフォード大教授のジョン・テイラー氏である。

トランプ大統領は２０１７年10月にかけて、この５名の候補者と面談した。そのうえで最終候補をイエレン氏、パウエル氏、テイラー氏の３名に絞り込んだ。共和党関係者は、テイラー氏就任の可能性が高まったと指摘したが、結果は、パウエル氏だった。

テイラー氏が就任すれば、ＦＲＢの政策運営は完全な白紙状態になる、極めてリスクの大きい選択だった。ウォーシュ氏は元ＦＲＢ理事だが、ＦＲＢの金融緩和重視の政策運営に反対してＦＲＢ理事を辞任した経緯を有していた。ウォーシュ氏がＦＲＢ議長に就任すれば、政策運営の転換が想定されることになる。コーン氏は、当初、有力候補であったがトランプ大統領との関係を悪化させ、脱落した。結局、政策担当者として筆者が次善の選択であると判断したパウエル氏がＦＲＢ新議長に起用された。

問題は、パウエル氏の政策手腕が未知数であったことだ。トランプ氏がイエレン氏を退け、パウエル氏を起用した背景に関する懸念が浮上した。トランプ大統領は景気や株価にマイナスの影響を与え得る金融引き締め政策を嫌う傾向を示してきた。イエレン議長が留任する場合、トランプ大統領がイエレン議長に影響力を行使する可能性は低いと考えられた。これに対し、トランプ氏がパウエル氏を抜擢する場合には、パウエル氏がトランプ大統領の意向に逆らえなくなるのではないかとの懸念が浮上したのである。2018年の金融市場波乱は、FRB議長交代に伴う米国金融政策運営の変化に対する市場懸念を反映するかたちで始動した。

会員制レポート『金利・為替・株価特報＝TRIレポート』では、2018年1月29日発行号に、ニューヨーク株価の調整局面入りが近いとの予測を明記した。筆者が株式市場の調整を予測した主因は二つである。

第一は、ニューヨーク株価の上昇速度が速くなりすぎているとの判断である。ニューヨークダウのチャートを見れば、株価上昇の激しさが明白だった。過度の株価上昇スピードに対する調整が発生する可能性が高まっていた。

第二の理由は、2月3日がFRB議長の任期満了日であり、イエレン議長が退任し、パウエル新議長が就任する。FRBの新しい体制下で米国金融政策運営がどのように変化するのかについて、市場が警戒心を持つのは当然である。このようなケースでは、金融市場が、新しいFRB議長がどのような政策対応を示すのかを試しにいくことが多い。このFRBの金融政策運営こそ2018年の内外金融市場変動を引き起こす最重要のファクターになった。

2018年版TRIレポート『あなたの資産が倍になる』の第1章タイトルを「2018年の大波乱」とした。第4章タイトルは「難局にさしかかるFRB」である。FRBの政策運営が2018年金融市場変動の核になるとの予測を示したのである。現実に2018年の金融変動は米国の金融政策変動を軸に展開された。

FRBの着実な利上げに対する懸念

２０１８年1月末を起点とするグローバルな株式市場調整は、主要国において中規模調整、中国において大規模調整に発展した。株価調整の震源地は米国であったが、ニューヨークダウの下落率は12・３％に留まった。主要国中最小の株価調整に留まったのである。これに対し日経平均株価は15・７％の下落を示した。ドイツのＤＡＸ30は14・５％下落の調整を示した。これに対し上海総合指数は1月末をピークにする調整局面が9月まで持続し、下落率は10月段階で30％を超えた。株価下落震源地の米国で株価下落率が最も軽微に留まり、中国の株価下落が最も長期化し、かつ、深刻化した。

２０１８年のグローバルな株価調整の基本背景を三つに要約して示すことができる。

第一は、既述のとおり、ニューヨークダウを中心に、株価上昇の速度が過大になったこと。急激な株価上昇が生じると、そのスピードに対する調整局面を迎えるのが常である。「スピード調整」と呼ばれる株価反落が生じたのである。

ニューヨークダウは２０１６年11月の大統領選挙を起点に２０１８年1月までの1年3カ月間に、48・８％の急騰を演じた。とりわけ、２０１７年9月以降の上昇速度が急激だった。株価上昇のスピードが過大になって株価調整が発生する可能性が高まった。ＴＲＩレポート２０１８年1月29日号に、米国を震源地とする株価調整発生予測を明記した。

株価調整の第二の背景は、ＦＲＢ金融政策運営に対するリスク浮上である。このリスクは二つに分けて捉えなければならない。

第一のリスクは、パウエルリスクである。ＦＲＢトップに就任するパウエル氏の政策責任者としての資質、能力、行動力が未知数であった。とりわけ、パウエル氏が起用されたプロセスを踏まえ、トランプ大統領の意向に従属してしまう懸念が発生したのである。実は、この懸念が２０１９年を迎えようとする時点においてもなお、完全に払拭されてはいない。トランプ大統領はＦＲＢへの介入姿勢を一段と強めている。

パウエル氏は前任のイエレン議長、あるいはその2代前のＦＲＢ議長であったアラン・グリーンスパン氏と類似し、市場との対話能力を有していると見られる。良く言えば、説明ぶりが含蓄深いということになるが、悪く言えば、発言の中身が必ずしも明確ではなく、解釈の幅が広がってしまうという側面もある。この問題が２０１９年を考えるうえで、重要な論点になる。

いずれにせよ、パウエルＦＲＢ議長が政治との関わりにおいて、どのような行動を示すか、ここに金融市場はリスクを見出した。直接的な懸念はＦＲＢがトランプ大統領に従属してしまうのではないかとの懸念である。これが1月末に始動した米国株価調整の大きな要因の一つであったと言える。

米国FFレート（直近45年）

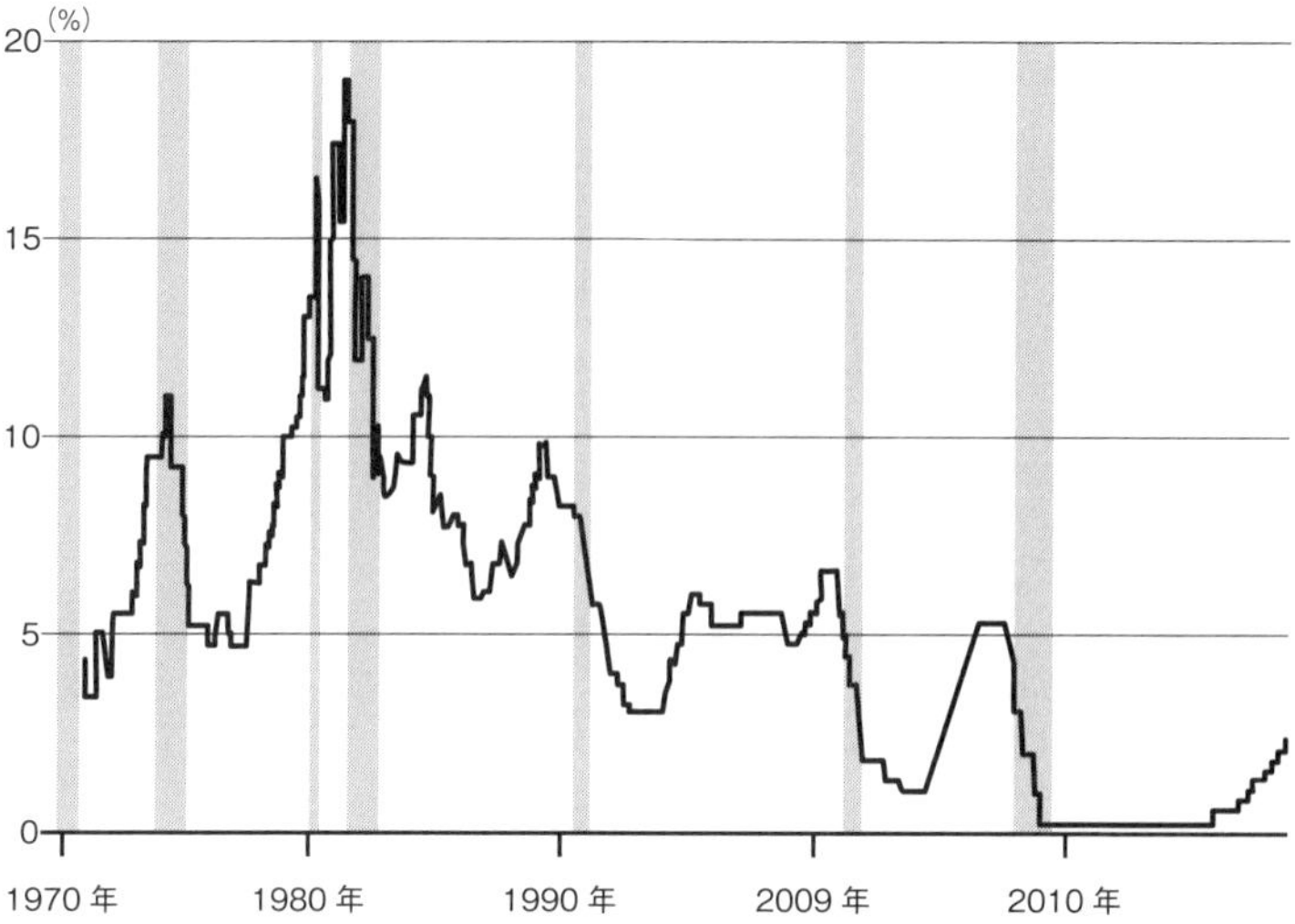

第二のリスクは、ＦＲＢの金融政策運営、そのものに対するリスクである。２０１７年においても年の前半には、ＦＲＢ金融引き締め政策加速に対する警戒感が広がった。ＦＲＢは２０１５年12月に１回目の利上げを実施した。バーナンキ元ＦＲＢ議長が量的金融緩和縮小を示唆したのは、２０１３年５月のことだ。この発言が金融市場に大きな動揺を生じさせた。「バーナンキ・ショック」と呼ばれた調整である。

その後、米国金融市場はＦＲＢの金利引き上げ政策の始動を予測し続けた。しかし、ＦＲＢが利上げに着手したのはバーナンキ発言から２年半を経過した、２０１５年12月だったのである。利上げを実施したのは、２０１４年２月に就任したイエレンＦＲＢ議長である。イエレン氏は、その後も慎重な政

ブラジルレアル円（直近5年）

策運営を続け、二度目の利上げを実施したのが、２０１６年12月だ。米国大統領選挙が終了するのを待つかたちだった。そして、その後、２０１７年３月、２０１７年６月と、連続して利上げを行った。３カ月ごとの利上げを３回連続で実施したことになる。

　この過程で米国金融引き締め政策加速が警戒された。その影響は新興国の金融市場に如実に現れた。資源価格が下落に転じ、資源国通貨が下落し、資源国、新興国の株価指数も下落傾向を強めた。米国が利上げを加速すれば、国際マネーフローに重大な変化が生じる。資金はドルに引き寄せられ、新興国、資源国から資本が逃避する「キャピタルフライト」の懸念が強まり、新興国、資源国を中心に調整色が強まった。

ロシアルーブル円（直近5年）

ロシアRTS指数（直近5年）

WTI先物（直近5年）

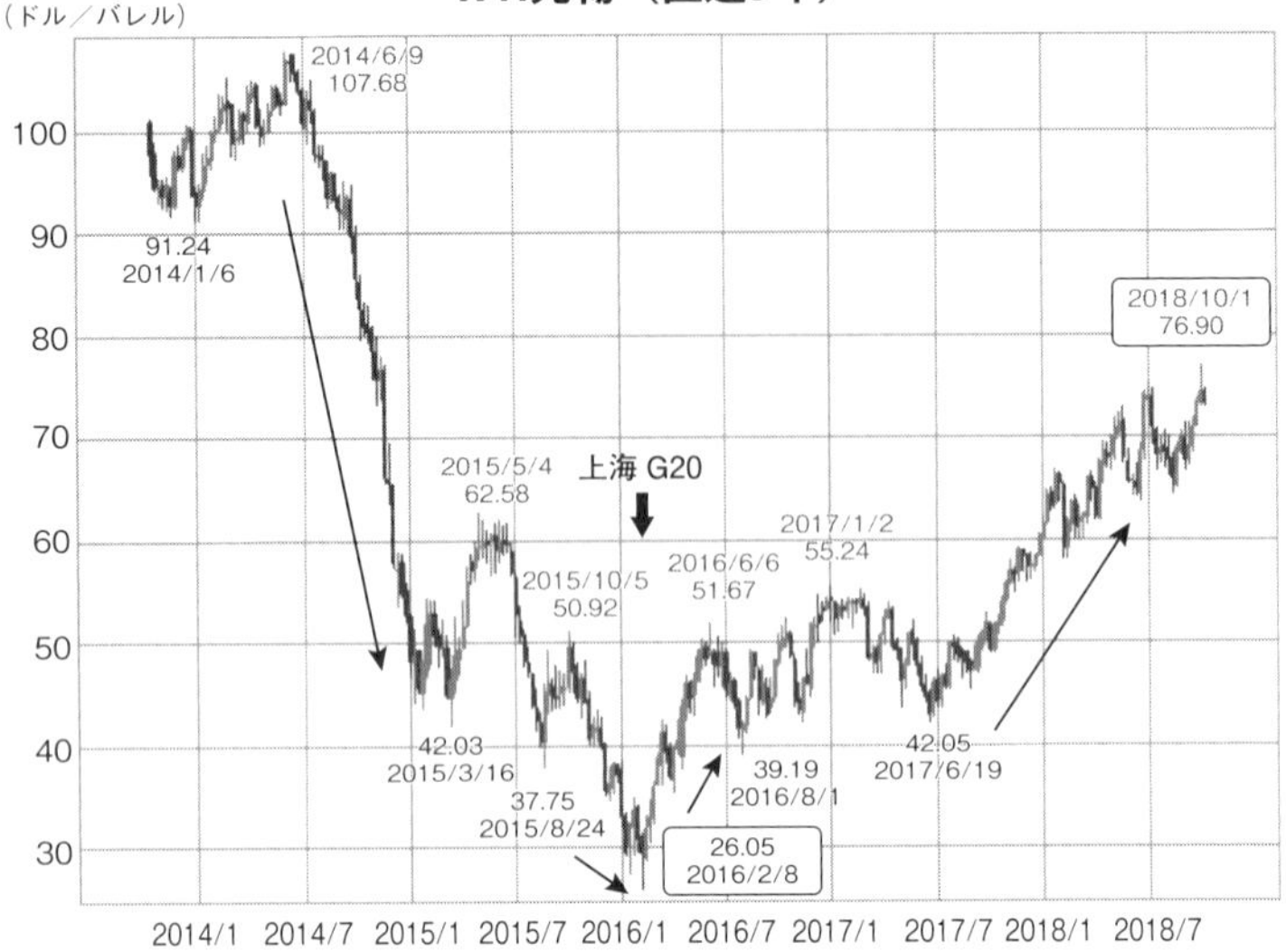

銅先物（直近5年）

株価本格調整のリスク

この流れを変えたのが、2017年7月12日のイエレン議会証言だった。イエレン証言は「適温経済＝ゴルディロックス」を示唆するものであった。経済成長が持続し、失業率も低下しているが、経済が過熱しない状況が長期化する可能性を指摘した。このイエレン証言を背景に、2017年後半は利上げがペースダウンした。17年6月から17年12月まで、利上げ実施の間隔は3カ月から6カ月に拡大した。そして、FRB議長を退任することになったイエレン議長が2017年12月に最後の利上げを実施した。

2018年の株価調整においては、主要国よりも中国の株価下落が大幅になった。15％程度の株価調整を中規模調整、20％を超す株価調整を大規模調整と分類すれば、上海総合指数の下落は、大規模調整の範疇に含まれることになった。これ以外にもトルコ・リラの暴落、アルゼンチン・ペソの暴落などの現象が観測された。さらに、主要な資源国、新興国の通貨が大幅に下落したことも銘記しておかねばならない。

つまり、2018年に観測されたFRBリスクは、二つの内容を含んでいる。

第一は、FRB議長に就任したパウエル氏の属性に関するリスクである。パウエル氏がどのような金融政策運営を遂行するのか、この点に関する懸念である。

第二のリスクは、FRBの金融引き締め政策加速に対する警戒感である。米国金融引き締め政策が加速すれば、国際マネーフローが変化し、新興国、資源国に重大な影響が広がることになる。そして、その新興国や資源国の経済調整が、ブーメラン効果となって、米国経済にも跳ね返る。

そのとき、米国経済が「インフレなき成長」という軌道から逸脱することになる。過去30年間の経験則によれば、米国株価急落は米国経済が後退に転換する局面で発生している。別の表現をとれば、FRBの金融政策が、引き締めから緩和に転換する局面で、株価の大規模調整に直面している。このリスクが2019年に持ち越しになるのか、それとも2018年10月から、すでに始動しているのか。金融引き締め政策の終着点に関する展望が、極めて重要な意味を有している。

「ラストベルト」の意向に沿った貿易戦争

第三の要因は、3月中旬以降に表面化した。米中貿易戦争の勃発である。トランプ大統領は2016年の大統領選のさなかから、米国の貿易収支赤字を極めて重大視してきた。現状において米国の最大の貿易赤字国は中国である。そして、中国からは大きく水をあけられているが、米国の貿易収支赤字大国として、メキシコ、日本、ドイツの3カ国が後ろに続いている。

トランプ大統領の主張は極めて単純明快だ。他国が輸出によって米国の雇用を奪っているとの主張である。トランプ大統領が、大統領選挙で勝利した基盤になった地域が、中西部から東部に差し掛かる米国の旧工業地帯である。錆び付いた旧工業地帯、いわゆる「ラストベルト」各州における勝敗が大統領選挙の帰趨を決めた。トランプ大統領は、この激戦州における支持を固めるために、二つの重要な戦術を実行した。

第一は、キリスト教福音派の支持を完全に固めたことである。

キリスト教福音派は、聖書を重んじるプロテスタントの一派で、米国の人口の4分の1を占め、米国最大の宗教勢力と言われている。極めて保守的なキリスト教勢力であり、イスラエルとの親和性が極めて高い。

第二は、ラストベルトを中心にした白人労働者層の不満に対応することだ。

その対応策の一環として提示されたのが、強硬な貿易収支改善策である。中国、そして日本、ドイツ、メキシコが米国に輸出攻勢をかけた結果、米国の製造業が衰退し、労働者階級の苦境が生まれている。労働者の雇用機会を拡大し、米国製造業の基盤を強化するためには、貿易収支赤字を縮小することが必要である。そのために最も手っ取り早い方法が、海外製品の輸入に際しての関税率を引き上げることである。トランプ大統領はこの主張を展開した。

トランプ政権の通商政策を担うのが、ピーター・ナヴァロ氏とロバート・ライトハイザー氏である。いずれも対中国強硬派の代表的人物である。ナヴァロ氏は『米中もし戦わば 戦争の地政学』の著書で知られるカリフォルニア大学教授を務めてきた経済学者であり、ライトハイザー氏は弁護士として30年にわたって反補助金や反ダンピング関連の訴訟を担当した経歴を持つ。この2名に商務長官のウィルバー・ロス氏を含めた3者が、中国による世界の製造業支配と知的財産権侵害を強く批判している。

この基盤の上に立つトランプ大統領が2018年3月以降、極めて強硬な対中国制裁関税適用を発表し、矢継ぎ早に実行に移してきた。その結果として、現実に、中国経済は米国による関税率引き上げにより大きな影響を受け始めている。このことが上海総合指数の大幅下落の背景になっている。

2019年金融市場を展望する際に、最重要注目点として浮上しているのが、米中貿易戦争の行方なのだ。この問題が拡大するなかで、上海総合指数が2018年10月11日、ついに節目となる2638ポイントを下回った。

中国は、すでに世界第2位の経済大国に移行している。中国のGDPの規模は2009年に日本を上回り、2016年にユーロ圏を凌駕し、現在の成長率が維持されれば2026年に米国を上回り世界最高水準に躍り出ると予測される。日本経済は2009年に追いつかれてからわずか8年後には、ダブルスコアの水準にまで水をあけられた。日本経済の低迷は目を覆うばかりのものである。

この世界第2位の経済大国である中国経済が崩落すれば、そのブーメラン効果が必ず米国経済を襲う。早期の米国経済転落が生じるとすれば、それは米国金融政策運営を通じる景気後退ではなく、中国を軸とする新興国経済の崩壊によるものになる可能性が高い。

トランプ大統領は中間選挙に向けての戦略として、対中国強硬路線を遂行しているのだろう。ビジネス界出身のトランプ大統領は、極めてプラグマティックな対応を示す。思想・哲学によって中国と敵対しているというより、11月中間選挙に向けての戦術として中国と敵対している可能性が高い。言い方を換えれば、株式市場大崩落という代償を支払ってまで、中国との貿易戦争を追求する考えは持ち合わせていない可能性が高い。

中国に対する強硬姿勢が株価大暴落を招けば、中間選挙にマイナスの影響が発生することは想像に難くない。その事態推移をトランプ大統領は望んでいないだろう。しかしながら、２０１８年11月中間選挙が終われば、新たに２０２０年大統領選が視野に入る。トランプ大統領の究極の目標は、２０２０年大統領選挙での再選成就であり、そのために重要な意味を持つという意味で中間選挙を重視しているにすぎない。

２０２０年大統領選挙を展望すると、大統領選激戦州の勝敗を重視するトランプ大統領は、全体として米中貿易戦争を著しく緩めるということを想定し難い。

金融市場的視点から見た米朝首脳会談の成果

２０１８年の主要国および新興国における株価調整の大きな背景を三つに整理して示した。急激な株価上昇スピードに対する調整。ＦＲＢ金融政策に対するリスク浮上。そして、米中貿易戦争の勃発。これが、２０１８年株価調整の三大背景である。これ以外に、株式市場変動に影響を与えた要因を、四つ挙げられる。

第一は、北朝鮮問題である。

筆者は米国と北朝鮮との間の戦乱勃発のリスクは高くないとの見解を２０１８年版ＴＲＩレポートに明記した。トランプ米大統領と金正恩朝鮮労働党委員長が、合理的判断をベースに置く人物であるならば、戦乱勃発のリスクは限定的であるとの判断を示した。実際に戦乱は勃発せず、米朝首脳会談が実現した。トランプ政権の下で、これまではありえないと考えられていた事態が、現実のものになった。

そのトランプ大統領が２０１８年5月24日に米朝首脳会談を中止するとの意向を表明した。しかし、金融市場は大きな反応を示さなかった。最大の反応を示したのは、日本の安倍晋三首相である。安倍氏はただちにトランプ米国大統領の決断を評価するとのコメントを発表した。

ところが、そのトランプ米大統領が、米朝首脳会談中止の決定を瞬く間に覆して、米朝首脳会談を実現させた。金融市場はトランプ大統領の米朝首脳会談中止メッセージを疑問視した。冷静で、的確な読みだった。

他方で、米朝首脳会談中止を支持するメッセージを発表した安倍首相は、洞察力の欠落を露呈してしまった。２０１６年の米大統領選挙に際し、クリントン氏支持を打ち出した安倍首相は、訪米の際、トランプ候補を無視してクリントン候補とだけ面会した。だからこそ、大統領選でトランプが勝利すると、安倍首相が慌てふためいてニューヨークのトランプタワー詣でに馳せ参じたのだ。類似した過ちが繰り返されている。

日本では、安倍首相がトランプ大統領と会談を重ね、ゴルフに同行していることから、日米関係が良好であると報道されているが、この評価は日本でしか通用しない。トランプ大統領は各国首脳と接遇する際、明確にランク付けをして対応している。

安倍首相夫妻と同じく、中国の習近平国家主席夫妻もフロリダ州のトランプ大統領別荘を訪問している。しかし、米国の接遇姿勢には天と地の開きがある。習近平夫妻との会食は格式の高い晩餐会形式で設営された。他方、安倍首相夫妻との会食はファミリーレストランと見まがうような騒々しい食堂で設営された。空港での出迎えにレッドカーペットが用意されるか否か。安倍夫妻にレッドカーペットの歓迎はなかった。トランプ大統領は安倍首相に高位の接遇をしていない。

２０１８年４月にフランスのマクロン大統領が米国の国賓として訪米した。これがトランプ大統領が就任後初めて迎えた国賓であり、安倍首相は何度訪米しても、一度も国賓としては迎えられていない。

トランプ大統領が2017年11月に訪日した際、日本での最初の演説の背景に巨大な星条旗が掲げられた。トランプ大統領は横田基地から入国し、横田基地から出国している。トランプ大統領一行は日本の出入国管理の外側で日本に立ち入り、日本から離れているのだ。トランプ大統領の行動は、独立国ではなく植民地、占領地と訪問しているとのトランプ大統領の認識を言外に示すものになっている。

大統領選挙でクリントン氏を支持し、トランプ氏が勝利したとたんに血相を変えてニューヨークのトランプタワーに馳せ参じた安倍首相を、トランプ大統領が、その本音においてどのように評価しているのかを冷静に推察してみることが大切だ。それでもトランプ大統領は現実的な打算によって「ビジネスライク」に対応するから、本音を言葉には表さずに、日本から獲得できるものは確実に獲得する、したたかな対応を示し続ける可能性が高い。

経済政策を分析し、金融市場変動を洞察するに際して、トランプ大統領の本音における対日観、安倍首相に対する人物観を、正確に捉えておくことは重要である。

2018年金融変動においては、米朝首脳会談が実現した意味が極めて大きい。戦乱は勃発せず北朝鮮リスクは大幅に低下した。2018年版TRIレポートが示した洞察は正鵠を射ていた。

「もりかけ問題」はなぜ終わらないのか？

追加的な要因の第二は、日本政局である。

安倍首相に関わる政権不祥事が拡大し、依然として終焉を見ていない。もりかけ疑惑は、２０１７年のみならず、２０１８年においても通常国会のメインイシューになった。時価約10億円の国有地が、実質約２００万円で事業者に払い下げられた森友事案には、安倍首相夫人である安倍昭恵氏が深く関与していた。

２０１７年2月17日の衆議院予算委員会で安倍首相は、「自分や妻が関わっていたら総理大臣も国会議員も辞めるということは、はっきりと申し上げておきたい」と明言した。この点に関して安倍首相は、２０１８年9月20日に実施された自民党総裁選に際しての公開討論会において、「私や妻が関わってきたことは事実である」と明言した。この発言により、論理的には安倍首相が総理大臣と国会議員を辞めなければならないわけだが、10月24日の所信表明演説で「次の3年、新しい国創りに挑戦する」と言い放った。厚顔無恥で突き進む姿勢が鮮明だ。

加計疑惑は、公正な行政プロセスを踏み外して、安倍首相の古くからの友人である加計孝太郎氏が理事長を務める加計学園による獣医学部新設を国が認可したとされる問題だ。

安倍首相は国会答弁で、国家戦略特区に申請がなされた時点で加計学園による獣医学部申請の意向が自分の知るところになると明言していたが、この国会答弁を突如変更した。今治市が国家戦略特区に提案申請したのは2015年6月4日であり、当初の安倍首相答弁では、この時点で加計学園の獣医学部新設意向を知ったということになるが、この答弁を変更した。

新しい時期は2017年1月になった。諮問会議が国家戦略特区での獣医学部新設を認可した2017年1月に、安倍首相は初めて加計学園による獣医学部新設の意向を知ったと答弁を変更したのである。その理由は、2015年6月から2017年1月までの間に、安倍首相が加計学園理事長の加計孝太郎氏から、頻繁に飲食およびゴルフ等の接待・饗応を受けていた事実が存在するからだと推察される。

この事実関係が確定してしまうと、安倍首相が刑事罰を受ける可能性が高くなる。安倍氏は職務権限を有しており、職務権限行使によって利益を受ける事業者から申請があることを認識したうえで接待・饗応を受けていたということになれば、受託収賄や斡旋利得の罪に該当する恐れが高くなる。そこで、国会での答弁を急きょ変更し、獣医学部新設の申請を知ったのは、2017年1月であるとしたのだろう。

森友学園に対する国有地払い下げは、国家に対して巨大な損害を与えており、刑法上の背任罪に該当すると考えられる事案だ。また、財務省は14の公文書の300カ所にわたる改ざんを実行した。これは、刑法上の虚偽公文書作成罪に該当するものである。これも重大な刑法犯罪だ。日本の警察、検察、裁判所が正常に機能していれば、この重大犯罪が刑事事件として立件されたはずだ。

また、甘利明元経済財政担当相の金品収受も斡旋利得処罰法違反で、刑事事件として立件されるはずである。しかし、日本の警察、検察、裁判所が完全に腐敗しているため、これらの重大刑事事件事案が完全無罪放免で処理された。その結果として、安倍内閣が存在し続けている。

安倍内閣崩壊が生じれば、金融市場にも影響が発生するが、２０１８年は、日本の刑事司法の機能不全によって安倍首相および安倍内閣に関わるスキャンダルが刑事事件化せず、政権の存続が容認されることになった。

イタリアで起こった「五つ星運動」の本質

追加的な要因の第三は、イタリア政治情勢の変化だ。

イタリアで２０１８年3月に総選挙が実施された。日本のメディア勢力が「大衆迎合主義」というレッテルを貼り続け、攻撃し続けた草の根民主主義勢力の「五つ星運動」が総選挙で第一党に躍進した。

メディアは、シルヴィオ・ベルルスコーニ元首相が率いる、フォルツァ・イタリアなどの中道右派連合が多数議席を獲得したと報道したが、この報道も恣意的で偏向したものだ。中道右派連合は、中道右派に属する複数の政党を総称したものであり、単一政党でない。単一政党で第一党に躍進したのは、五つ星運動だった。

五つ星運動は、グローバリズム反対の意思を表明するとともに、地域主義、ローカリズムをベースに置き、直接民主主義制度の重要性を説く政治グループである。２０１７年12月に五つ星運動の幹部の一人であるリカルド・フラカーロ氏を、日本の市民運動グループが招聘した。筆者も市民集会に出席するとともに、フラカーロ氏と会食した。

五つ星運動においては、すべての議員候補者が一般市民で、議員報酬は半分しか受け取らず残余を活動資金として運動に提供する。いかなる場合においても議員在任期間は2期を限度とする。政治屋にはならず市民が政治を支えることに徹する、新しい政治運動グループである。五つ星運動は、ベッペ・グリッロというコメディアンを軸に急速に国民支持を伸ばし、創設からわずか9年で政権を奪取するに至った新しいスター勢力である。

英語表記でのポピュリズムの表現は妥当だが、邦訳において印象操作が行われている。ポピュリズムの正しい邦訳は「草の根民主主義」である。ところが、日本経済新聞などの日本の主要メディアは「大衆迎合主義」の表現のみを用いる。この運動体に対する敵意をむき出しにした表現であり、報道の中立性、公正性が欠落している。

２０１８年3月の総選挙で、五つ星運動が第一党に躍進、同時に中道右派グループに属する排他主義的な色彩の濃い「同盟」が第二党に躍進した。イタリアでは、単独で過半数を獲得する勢力が存在しない場合には連立政権協議に移行する。その協議のイニシアティブを取る権限は大統領に付与されている。

連立協議が難航し、5月29日に連立政権協議決裂の情報が流れた。金融市場は大きな反応を示した。連立協議が決裂する場合には、イタリアで再度、総選挙が行われる可能性が高まる。総選挙が実施される場合、五つ星運動と同盟がさらに議席を伸ばすとの見方が有力になった。そうなると、五つ星運動と同盟による強固な政権が樹立され、イタリアがユーロから離脱する可能性が高まるとの見立てが広がった。金融市場はこのシナリオを警戒する反応を示したのである。

２０１６年の国民投票でＥＵ離脱を決めたイギリスに続いてイタリアもユーロ・ＥＵから離脱することになれば、ユーロとＥＵの大崩壊の可能性が浮上する。この懸念が5月下旬の金融市場を突き抜けた。

折しもトランプ大統領が米朝首脳会談中止を発表した時期と重なった。金融市場に強い緊張感が走った。しかし、金融市場の波乱拡大を認識したイタリアのマッタレッラ大統領が再調整に乗り出し、急転直下、五つ星運動と同盟による連立政権協議が成立し、新政権樹立となった。ＥＵ加盟維持派のマッタレッラ氏が再選挙によるイタリアのＥＵ離脱の可能性を警戒したために、連立政権協議が急転直下まとまったのだと見られる。

イラン情勢の変化と原油価格の高値推移

追加的な要因の第四は、イラン情勢の変化である。

トランプ大統領は米朝対話を進展させ、北朝鮮問題を解決に向かわせる大きな一歩を踏み出した。北朝鮮の非核化が実現するまでには、なお紆余曲折が予想されているが、現状においては米朝対話の継続、北朝鮮の非核化、および米朝戦争状態の終結という大きなシナリオが生まれつつある。米国は極東における戦乱を回避する方向に大きく踏み出している。

米国を支配しているのは巨大な資本である。既述したように、米国を支配する巨大資本とは、金融資本、軍事資本、そして、多国籍企業である。米国大統領には、常に、この巨大資本勢力の支配下の人物が就任することになっているが、その例外がトランプ大統領である。トランプ大統領は自前資金で選挙戦を戦い、米国を支配する巨大資本の完全支配下に移行していない。しかしながらそのトランプ大統領といえども、米国を支配する巨大資本勢力と全面的に敵対していては立ちゆかない。

トランプ大統領は多国籍企業グループとは依然として一線を画しているが、金融資本と軍事資本とは融和している。軍事資本にとって最大の懸念は、世界の平和・安定の確立である。紛争があり戦乱があって初めて軍事資本が存立しえる。

トランプ大統領は東アジアで平和・安定の方向性を指向したが、これと引き換えに中東地域における緊張拡大を画策している。中東における二大国はサウジアラビアとイランであり、イランのもう一つの巨大な敵対国が、イスラエルである。オバマ大統領はイラン核合意をまとめたが、トランプ大統領はこれを破棄した。トランプ大統領はサウジアラビア、イスラエルの側に立つ姿勢を示し、イラン敵対姿勢を鮮明にしている。

２０１８年後半、米国金融引き締め加速により、新興国および資源国に調整色が強まり、世界経済の活動状況を反映して変動すると見られる銅価格の大幅下落が観測された。ところがその一方で、ＷＴＩ原油価格は高値推移を続けている。背景に、イラン情勢の変化がある。イランが肩入れしているイスラム教シーア派国のシリアと、イスラエルの関係も悪化傾向が強まっている。

２０１９年にかけて、極東よりも中東における戦乱リスク、これに連動する原油価格高騰持続という問題が残存する。２０１８年中も、イラン情勢の不透明化拡大という問題がじわじわと広がりつつある点は見落とせない。

2　金融変動核心であり続けるＦＲＢ

２０１８年初の米金融市場の異例な動きの真相

２０１８年2月4日にジェローム・パウエル氏が第16代ＦＲＢ議長に就任した。しかしながら、金融市場はこの新議長に対する警戒を強めた。既述したとおり、金融市場はパウエル新議長がインフレ対応に甘くなるとの警戒感を抱いた。なぜならば、パウエル氏を抜擢したトランプ大統領が金融引き締めを嫌っていると判断されていたからである。

このため、イエレン氏を辞任させてパウエル氏をＦＲＢ議長に抜擢した延長上において、パウエルＦＲＢ新議長が金融引き締め対応に遅れることが警戒され始めた。そのために、２０１８年1月から2月末にかけて、米国の金融市場は極めて特異な変動を示した。

会員制レポート『金利・為替・株価特報＝ＴＲＩレポート』がこの異変を指摘したことは既述のとおりだが、世界で最も早い正確な事実提示であったと考える。

ＴＲＩレポート２０１８年１月29日発行号タイトルは「米長期金利上昇下の円と金価格上昇

の背景」。第一節【概観】「株価高値波乱局面への移行」に、世界の株式市場が調整局面に移行する可能性が高いとの見通しを示した。

レポートには以下のように記述した。

「日本株価は年初に保合いを上放れて堅調に推移しているが、株式市場を取り巻く環境に重要な変化が生じている」

「日本株価の変動要因を本誌は［1＋3］と表現してきた。［1］が最重要の基本ファクターで企業収益。［3］が短期の変動要因で、①ドル円、②ニューヨークダウ、③上海総合指数としてきた。昨年9月9日から11月9日までの期間、日本の株価が急騰したが、この時はドル円が円安に推移し、ニューヨークダウが上昇し、上海総合指数も上昇した。すべての要因が揃い踏みして日本株価上昇を支持したのである。日経平均株価はTRIレポートが予測した2万3000円台に到達した。この［1＋3］の要因の一部に変化が生じている」

「ニューヨークダウは、チャートが示すように急騰を続けている。今後ニューヨークダウが調整局面を迎える可能性が高まるため、今後の変化に細心の注意が求められることになる」

「ドル円変動が逆行現象を示している。1月25日には、1ドル＝108円台にまで円高・ドル安が進行した。本誌前号の第六節に、米国長期金利が上昇しても、ドル高に推移せず、ドル安に推移する可能性があることを記述した」

2018年1月から3月にかけて、米国の金融市場変動に異変が生じた。端的に表現すれば、

ドル表示金価格（直近3年）

米国長期金利上昇下で米ドルが下落し、ドル表示金価格上昇が観測されたのだ。このことについて、上掲号の前号にあたるTRIレポート２０１８年１月19日号に、次のように記述した。

「基本としては、米国長期金利低下がドル安＝円高をもたらし、米国長期金利上昇がドル高＝円安をもたらしてきたことが、このことから分かる」

「ところが、両者の連動関係が崩れている時期が存在することが分かる。第一の時期は、２０１４年だ。米国長期金利が低下したのにドル円がドル高＝円安に推移した。これと類似した第二の逆行期になる可能性があるのが、本年1月以降である」

さらに、その理由について次のように記述した。

「今回の「逆行」をもたらしている要因として、以下の三点を挙げることができる。第一は、日本銀行の量的金融緩和縮小着手が極めてセンシティブに意識されはじめていること。第二は、米国のトランプ政権がドル安容認の発言を示しはじめていること。第三は、米国長期金利が上昇しているが、この金利上昇が実質金利の上昇によるものではなく、予想インフレ率の上昇に基づくものである可能性があることだ」

「現実」ではなく「期待」＝「予想」が金融変動を引き起こす

２０１８年1月から3月にかけて、米国長期金利が上昇するなかで、ドル円レートが円高ドル安の方向に推移した。通常は、米国長期金利上昇がドル上昇、米国長期金利低下がドル下落をもたらす連動関係が続いてきたが、この連動関係と逆行する現象が発生した。レポートに記述したように、三つの要因を挙げることができるが、最大の要因になったと考えられるのが、パウエルＦＲＢ議長就任に伴うインフレ観測の強まりだった。

中央銀行がインフレに対して甘い対応を示すことが、現実のインフレ発生をもたらすことになる。ひとたびインフレに火がついてしまうと、そのインフレを収束することが難しくなる。必然的に、極めて強い金融引き締め政策が必要になり、経済は深刻な不況に転落してしまう。これが、１９７０年代以降の経験則によって打ち立てられた、インフレの弊害についての教訓

米国10年国債利回り（直近1年）

である。

この教訓がいまなお有効であるかについては、現実にその現象が発生してみなければ分からない面がある。この意味で断定はできないが、重要なことは、金融変動が、「現実の変化」によって引き起こされるのではなく、「金融市場の先行き見通し」＝「期待」＝「予想」によって引き起こされる面が強いということだ。

金融市場はパウエル新体制発足に際し、インフレ警戒感を強め、長期金利上昇という反応を示した。長期金利上昇は、通常は米ドル上昇をもたらすが、金利上昇がインフレ予想上昇によって引き起こされる場合には、米ドル上昇をもたらさない。インフレ予想上昇分だけ実質金利が低下するため、ドルは逆に下落してしまう。そして、インフレ容認の金融

ドル円（直近1年）

政策運営が、やがては現実のインフレ発生とともに、より強い金融引き締めにつながっていくとの予想を生み出し、その予想によって現在の株価が下落してしまうという反応が生まれる。

このメカニズムによって２０１８年１月から２０１８年２月末にかけての金融市場調整が発生したと考えられる。ＴＲＩレポートは、この洞察を２０１８年１月中旬に明示した。

このメカニズムによる金融市場変動に対して、パウエル議長が２０１８年２月27日の議会証言で回答を示した。パウエル氏は次のように証言した。

「一段の緩やかな利上げが、ＦＲＢのインフレおよび雇用に関する二大目標に最善策」

「ＦＯＭＣは経済見通しをめぐる短期的リスクが概ね均衡していると判断しているが、インフレ動向を引き続き注視」

「最近の金融市場におけるボラティリティにかかわらず金融状況は引き続き緩和的」

「FRBは最近の金融状況の引き締まりが経済、雇用、インフレ見通しに対する大幅な圧迫要因になっているとは見なしていない」

「昨年のインフレ低迷の背景とみられる一時的要因が、再発するとは想定していない」

「金融不均衡の高まりを警戒する必要がある。現時点ではそのような状況は確認していない」

「12月以降、データは経済が力強さを増していることを示している」

「このところのデータでインフレは上昇するとの確信を深めている」

「個人的な経済見通しは、12月以降、強まった」

「最近の財政政策変更により、需要が、今後数年にかけて、大幅に押し上げられるのが私見だ」

「FRBが後手にまわり、経済が過熱すれば、利上げペースを速める必要が出てくる」

これが、2018年2月27日パウエルFRB議長証言の主要要点である。ひと言で表現すれば、徹底的にタカ派色に染め抜いた証言内容である。

パウエル証言とインフレ警戒感の後退

2017年7月の議会証言でイエレンFRB議長が「適温経済」の概念を提示した。インフレ率が高まらない状況が持続するとの見解を示したのである。実際、この見解表明後にＦＲＢは利上げをペースダウンした。

しかし、２０１８年は重大な状況変化が生じていた。トランプ大統領が提案した１５０兆円規模の大型減税と同規模のインフラ投資拡大策が議会で承認されたのだ。パウエル議長は「最近の財政政策変更により需要が今後数年にかけ、大幅に押し上げられるのが私見だ」と明言した。そして、現実の経済動向について、データが経済の力強さの増大を示していることを認め、インフレ率が上昇するとの確信を深めるとまで表現した。

この状況下でＦＲＢの二大政策目標である雇用とインフレについて、パウエル議長は短期的リスクはおおむね均衡しているとしたうえで「インフレ動向を注視」と指摘した。さらにＦＲＢが後手に回り経済が過熱すれば、利上げペースを速める必要が出てくると述べた。市場が警戒した、インフレ対応の遅れが強い金融引き締めを招いて米国経済をリセッションに陥れてしまうリスクをパウエル議長自身がはっきりと認識していることが示された。ＦＲＢ議長として最初の試金石となった議会証言を、パウエル議長は見事に切り抜けた。

金融市場におけるインフレ警戒感は2月27日のパウエル発言をもって、急速に後退した。米国長期金利とドル円の逆行現象、そしてこれに伴う株価下落波動はパウエル証言を境に、大きく後退した。

さらに、パウエルＦＲＢ議長は現実の政策運営において、当初の市場の警戒感を完全否定するかのように、3月、6月、9月のＦＯＭＣ（連邦公開市場委員会）で、3カ月ごとの利上げを断行する行動を示した。パウエル新体制に伴うインフレ警戒感沸騰は、ほぼ払拭されたと言ってよい。

しかしながら、これですべての問題が解決したわけではなかった。金融政策運営はエッジの上の均衡と呼べる微妙なバランス上に位置し、金融市場とトランプ大統領の意向という、二つの思惑の間で微妙に揺れ動く推移を示した。

二つのリスクが認識されている。

第一のリスクはインフレ容認のリスクだ。

完全雇用水準に達しているとみられる米国経済。経済の供給余力は極めて限られたものになっている。このなかで高すぎる経済成長＝需要拡大が持続すれば、供給力の不足から価格上昇が生じる。賃金上昇、そして財サービスの価格上昇というインフレが顕在化する素地は整っている。現実のインフレに火をつけてしまえば、インフレを収束するための対応は大掛かりなものになり、強度の金融引き締め政策が経済を深刻な後退局面に移行させてしまうリスクが顕在化する。これが第一のリスク。

第二のリスクは、逆に、現実のインフレが明確になっていない段階で金利引き上げを急ぎすぎれば、経済活動を停滞させてしまうというリスクだ。

景気に対する過度の抑制＝オーバーキルのリスクが表面化する。とりわけ留意が必要なのが、

米国実質GDP成長率の推移

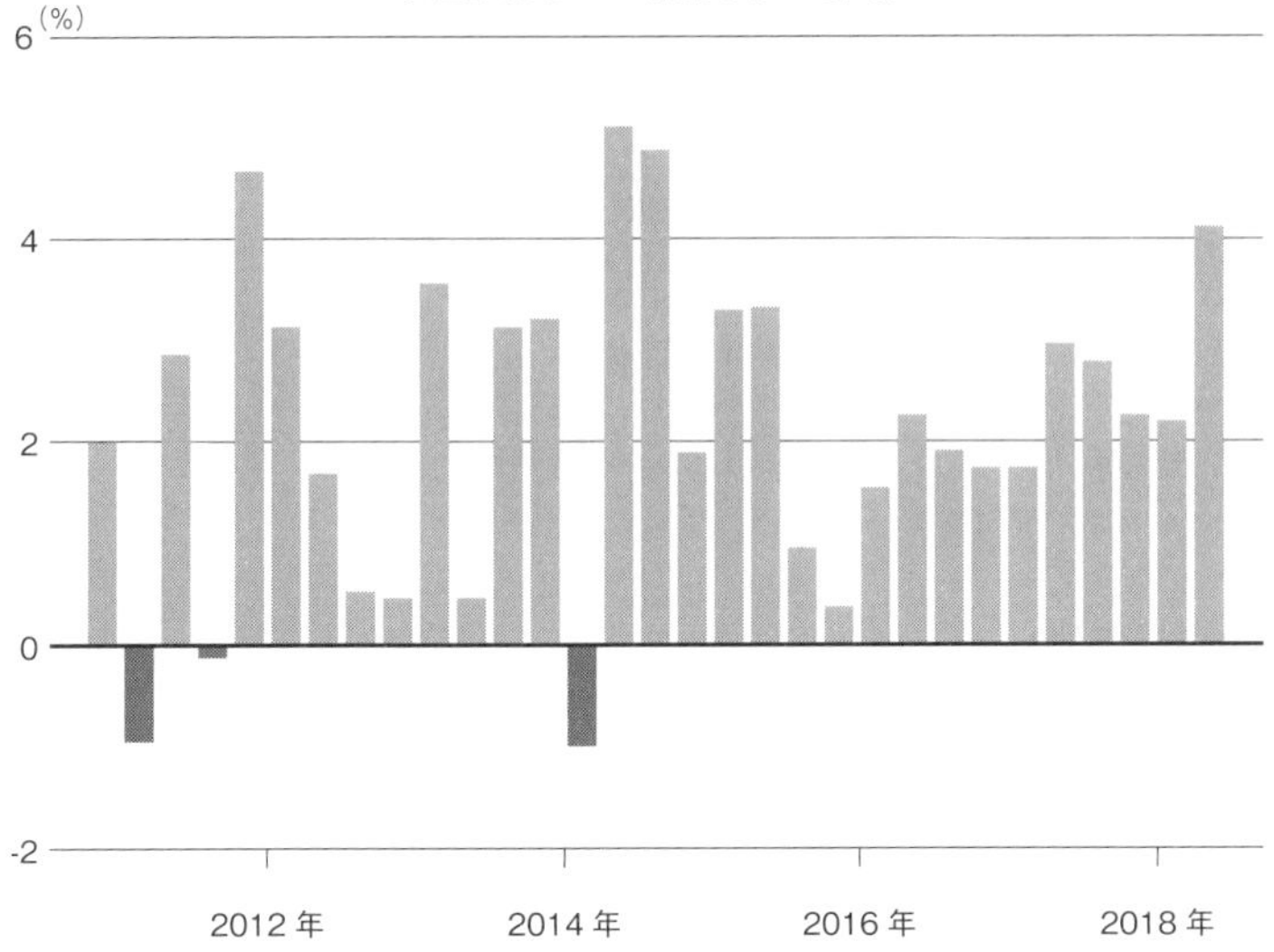

米国経済成長率見通し（FRB）

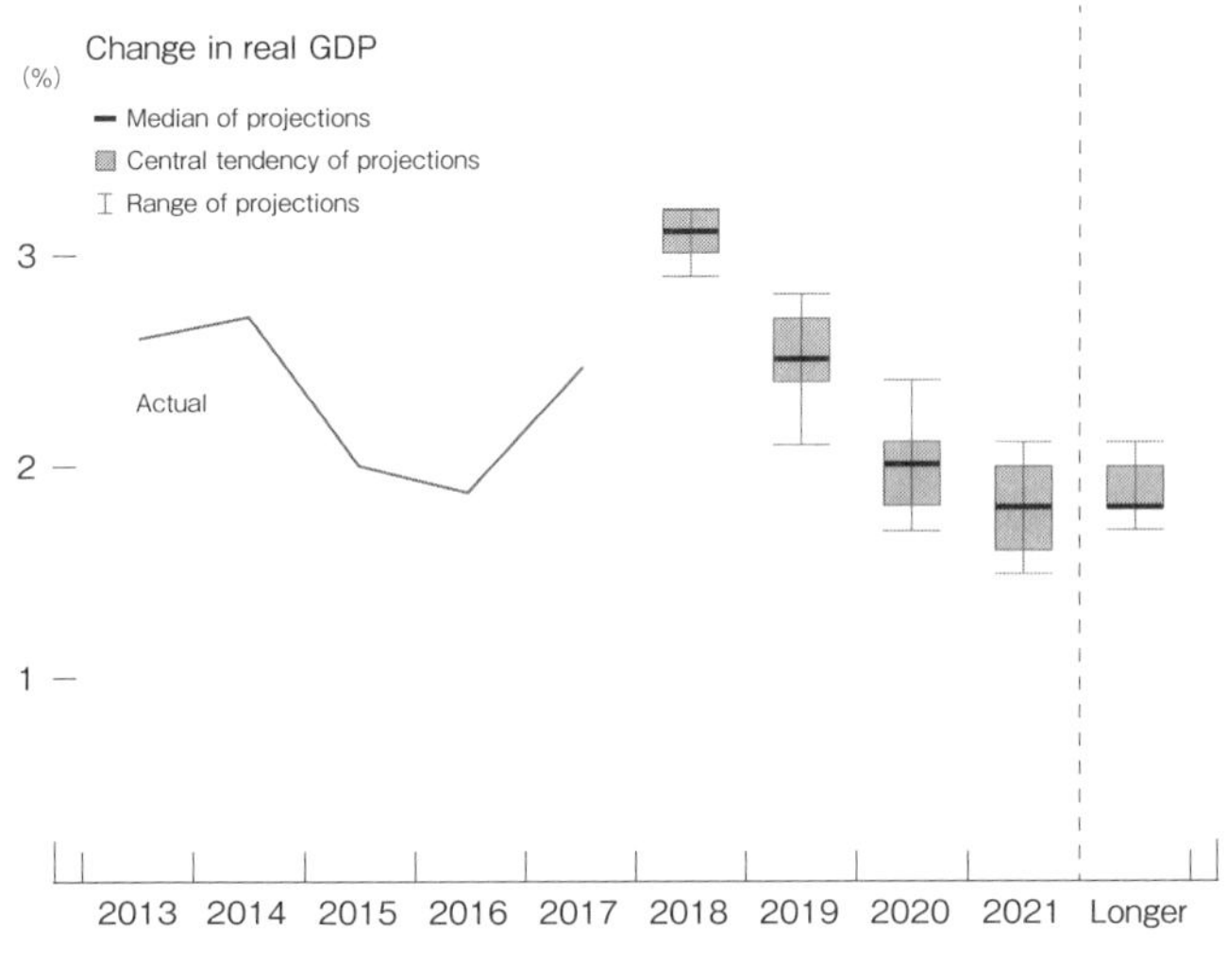

米国金融引き締め政策の他国への影響だ。米国金利上昇が国際マネーフローに影響を与え、新興国からの資本流出が加速する懸念がある。米国の金利上昇によって新興国から資金が吸い上げられてしまうと、新興国の金利が上昇するとともに、経済悪化予想を背景とする株価急落も生じかねない。

とりわけ経常収支赤字国においては、海外からの資金供給が途絶えれば経済運営が立ち行かなくなる。国内から国外への資本の逃避にともなう金利上昇と株価下落、そして通貨急落は新興国が危機に突入する典型的パターンである。

新興国経済の世界経済に占めるウェイトが高まっており、新興国の経済金融波乱は、確実に主要国サイドに跳ね返る。FRBの利上げ政策は国内経済の均衡だけを目指して実行できない。利上げによる「オーバーキル」のリスクを念頭に置かねばならない。

FRBのパウエル新議長は、2018年1月から2月に広がったインフレ容認政策への警戒感、金融市場が抱いた「パウエルリスク」を、2月27日の議会証言で払拭することに成功した。しかし、その後の言動においては、コンスタントな利上げ実施が示すタカ派色とは裏腹の関係になる、金融の引き締めすぎへの警戒感への配慮をも垣間見せてきた。この意味でパウエル議長の言動は単一色ではない。

事態を複雑化させるFRBへの「口出し」

さらに事態を複雑にしているのがトランプ政権およびトランプ大統領自身の言動だ。既述のとおり、そもそも２０１８年1月から2月にかけてのパウエルリスクの背景に、トランプ大統領がＦＲＢ金融政策運営に介入してくるのではないかとの警戒感があった。２０１８年は中間選挙の年であり、トランプ大統領は、中間選挙に向けて経済成長と株価上昇の持続をアピールしたいと考えている。

そのトランプ氏にとって、ＦＲＢの金融引き締め政策遂行は邪魔な存在に見えることだろう。実際にトランプ大統領は、ＦＲＢに対する「介入」を加速度的に強める言動を示してきた。

２０１８年6月29日にクドロー国家経済会議（ＮＥＣ）委員長が、金融政策当局に「極めてゆっくりと」利上げするよう、要請した。クドロー氏はＦＯＸビジネスネットワークにおいて、「雇用者の増加や経済成長の加速がインフレを引き起こさないことを、新体制の金融当局が理解すると期待する」と述べた。クドロー氏の発言は、米国消費者物価上昇率２・４％という高い数値が発表された直後に発せられた。

金融市場は高いインフレ指標発表を受けて、ＦＲＢの金融引き締め政策加速に対する警戒感を強めた。そして、この警戒感を肯定するかのように、6月14日のＦＯＭＣで、ＦＲＢは

米国個人消費支出価格指数上昇率の推移

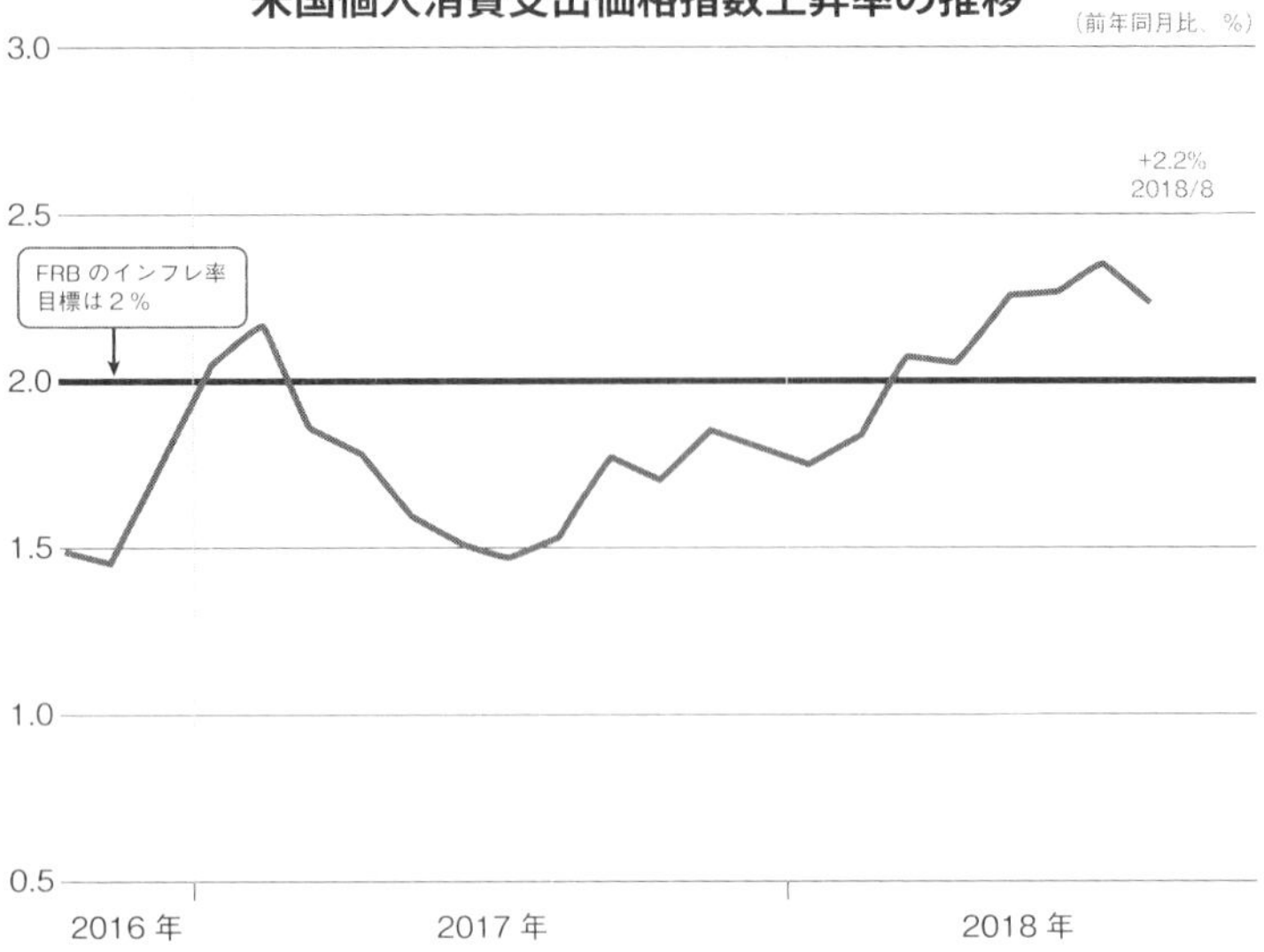

２０１８年二度目になる利上げを決定するとともに、年内の利上げ回数見通しを「あと１回」から「あと２回」に変更した。

　ＦＲＢの政策決定会合であるＦＯＭＣでは、３、６、９、12月に実施されるＦＯＭＣで、ＦＯＭＣ参加メンバーのＦＦレート見通しを公表する。その見通しの中間値によって金融市場は、ＦＲＢが年内に何度の利上げを見込んでいるのかを読み取る。

　２０１８年６月ＦＯＭＣ後に発表されたＦＦレート見通しにおいて、２０１８年の利上げ回数見通しが３月の年３回から、年４回に引き上げられた。３月と６月に利上げを実施しており、年４回の利上げとなると、さらに９月と12月に利上げが行われることになる。

　米国金融引き締め政策の加速が示されたわけで、金融市場ではこの政策決定を受けて株

FOMCメンバーの政策スタンス

区分	氏名	役職	政策スタンス	2016年	2017年	2018年
常に投票権を保有	ジェローム・パウエル	FRB議長	中立	○	○	○
	ランダル・クォールズ	FRB副議長	タカ	○	○	○
	リチャード・クラリダ	FRB副議長	中立	○	○	○
	マービン・グッドフレンド	FRB理事	タカ	○	○	○
	ラエル・ブレイナード	FRB理事	ハト	○	○	○
	ミシェル・ボウマン	FRB理事	ハト	○	○	○
	ジョン・ウィリアムズ	ニューヨーク連銀総裁	中立	○	○	○
2018年投票メンバー	ロレッタ・メスター	クリーブランド連銀総裁	タカ	○		
	トーマス・バーキン	リッチモンド連銀総裁	中立	○		
	ラファエル・ボスティック	アトランタ連銀総裁	中立	○		
	メアリー・デイリー	サンフランシスコ連銀総裁	中立	○		
2019年投票メンバー	チャールズ・エバンズ	シカゴ連銀総裁	ハト		○	
	エリック・ローゼングレン	ボストン連銀総裁	中立		○	
	ジェームズ・ブラード	セントルイス連銀総裁	ハト		○	
	エスター・ジョージ	カンザスシティー連銀総裁	タカ		○	
2020年投票メンバー	ロレッタ・メスター	クリーブランド連銀総裁	タカ			○
	パトリック・ハーカー	フィラデルフィア連銀総裁	タカ			○
	ロバート・カプラン	ダラス連銀総裁	中立			○
	ニール・カシュカリ	ミネアポリス連銀総裁	ハト			○

価下落の反応が強まった。このプロセスで先行き警戒感が急速に強まる局面で、上記の6月29日クドローNEC委員長による「(利上げを)極めてゆっくり」発言が飛び出したのだ。

金融政策運営について大統領府が発言をすることは、基本的な禁忌＝タブーである。金融政策運営の独立性が重視されているからだ。しかしながら、トランプ大統領に過去の慣行は通用しない。クドロー委員長は、トランプ大統領の意向を受けてFRBへの介入発言を行ったのだろう。

また、7月19日にはトランプ大統領がCNBCインタビューでFRBの利上げについて「嬉しくない」と述べた。トランプ大統領は「景気は上向いている。上向くために、彼らはまた金利を引き上げたいと考える。それについて私は不満である」と述べた。

さらに、トランプ大統領は8月20日のロイター社とのインタビューにおいて、「パウエル議長による利上げは気に入らない」とも述べた。トランプ大統領は自分が抜擢したパウエルFRB議長に対して、影響力を行使するための発言を続けている。

実際の金融市場変動を観測すると、トランプ政権関係者による発言が一概に完全に有害であるとも言い切れない部分が存在する。２０１８年１月末から主要国の株価が調整局面を迎えた。ニューヨークダウ下落率は主要国中で最も軽微に留まったが、６月ＦＯＭＣでの年内利上げ回数見通し引き上げを背景に、６月下旬にかけて株価が急反落した。株価は１月末以降の下落局面での底値固めを模索する状況にあった。ここで株価下落が加速すると、下値抵抗ラインを突破してしまうことが警戒された。

このタイミングで6月29日クドロー発言が飛び出し、ニューヨークダウは上昇に転じた。チャートはクドロー発言が重要な転換点を形成させた現実を明確に示している。大統領府による金融政策に関する発言が、米国株式市場の崩落を防いだとの評価を与えることもできる。

問題は、大統領府がＦＲＢへの介入を強めることがＦＲＢの対応を困難にする懸念があることだ。パウエル議長は大統領府による口先介入を念頭に置き、金融市場から不信感を招かぬよう、細心の注意を払って政策運営を切り盛りしなければならない。この意味で注目されたのが、

日経平均株価（直近1年）

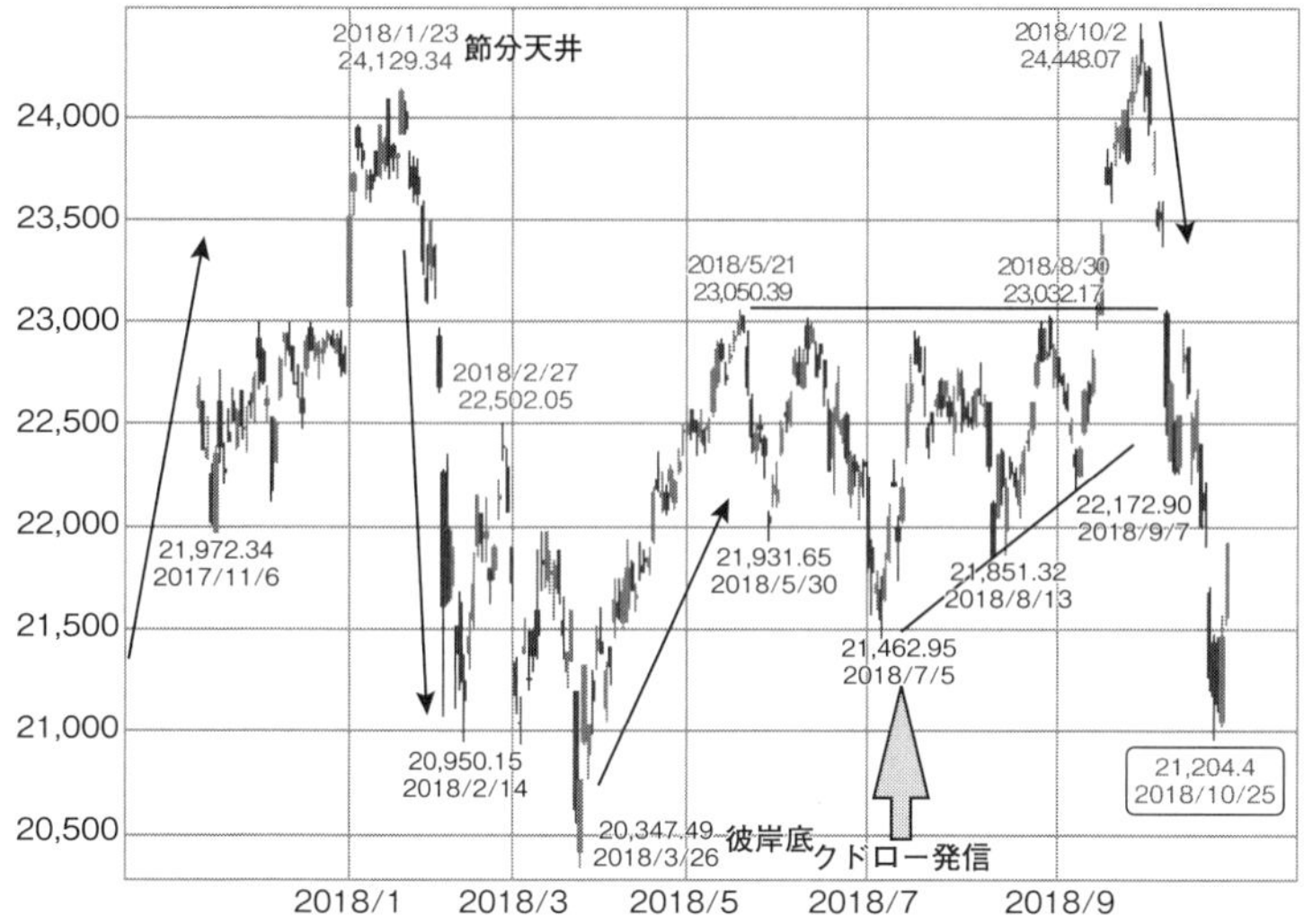

7月17日の議会証言第二弾と、8月24日のカンザスシティー連銀主催ＦＲＢシンポジウムにおける講演だった。

パウエル議長は7月17日議会証言で利上げ政策を継続する方針を示した。6月ＦＯＭＣで年内の利上げ回数見通しが上方修正され、株式市場は政策変更を受けて下落傾向を強めていた。その下落に歯止めをかけたのが、6月29日クドロー発言だった。そのクドロー発言後のパウエル議長の議会証言に注目が集まった。

議会証言でパウエル氏は、ＦＯＭＣの決定事項であるコンスタントな利上げ継続路線を陳述した。仮にパウエル議長の発言がこれだけで終了したなら、金融市場は再びＦＲＢの利上げ加速警戒感を強めた可能性が高い。この点に配慮したのだろう。議会証言でパウエル議長は「金融政策において最も重要なのは中立金利の水準である」と発言した。

米利上げは2019年に3回、2020年に1回

パウエル議長が示唆したものとは何か。このあたりがFRB金融政策の機微である。次ページの図版は、2018年6月FOMC後に発表されたFOMCメンバーによる金利見通しのドットグラフである。FOMCメンバーによる金利見通しの中間値が示されている。このFFレート見通しによれば、2018年末のFFレート水準が2・375%。2019年末の水準が3・125%。2020年末の水準が3・375%である。

2018年6月利上げでFFレートは1・875%水準に引き上げられた。年内に0・25%幅の利上げを2回実施すると2・375%になる。2019年の利上げ回数見通しは3回。2020年の利上げ回数見通しは1回とされた。2020年まで利上げ政策が継続されるとの見通しが示された。

パウエル議長が述べた中立金利水準は、FOMC金利見通しにおける長期の中間値である。長期の中間値についてFOMCは2・875〜3・0%という水準を示した。FFレートは2018年末に2・375%水準に達する。長期の中間値は、その水準よりも0・5%だけ高い水準だ。0・25%幅の利上げでは、二度の利上げで到達する。つまり、パウ

FFレート見通し（FRB）

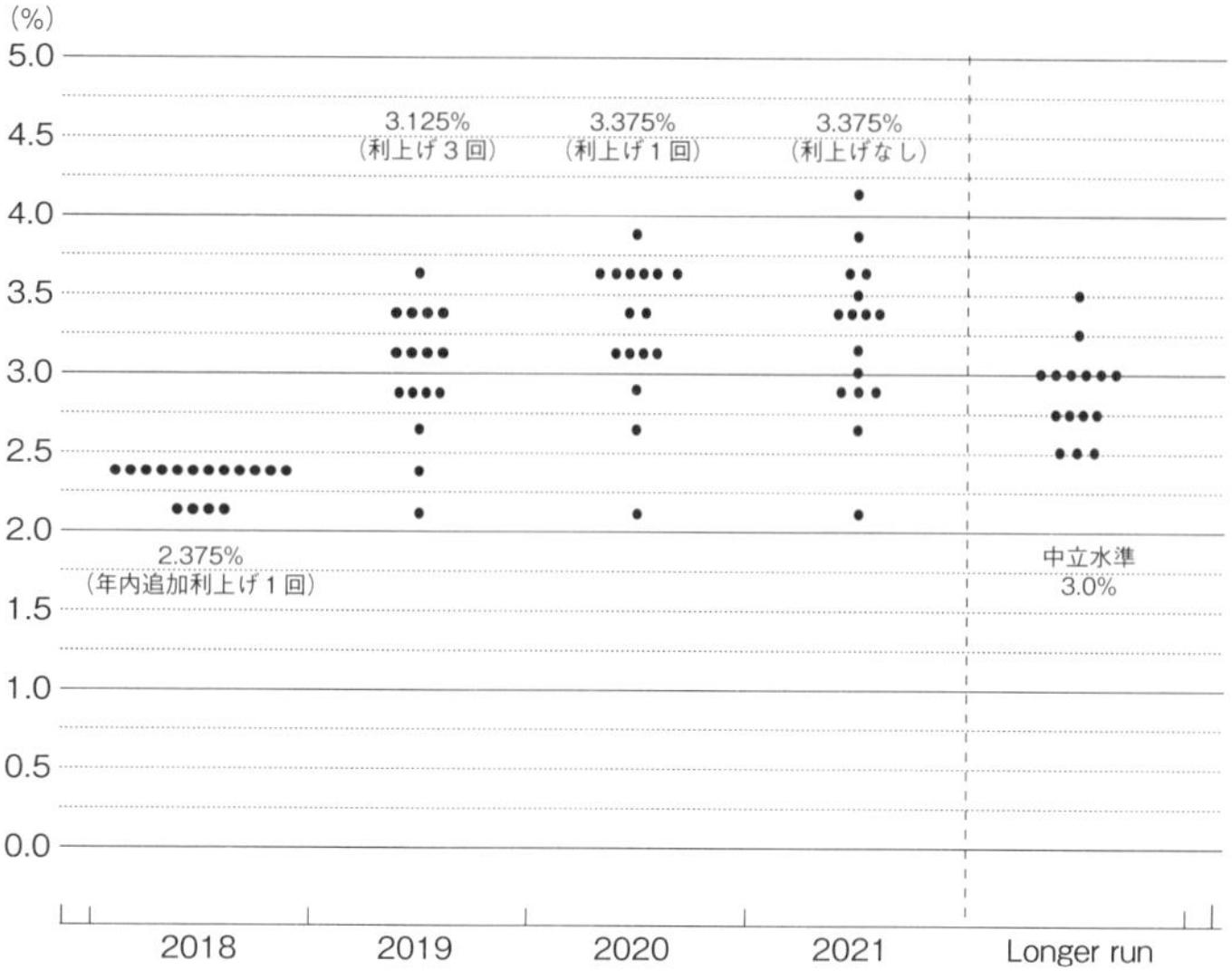

エルＦＲＢ議長は米国のＦＦレート水準が２０１９年半ばに、最も重要な長期の中立金利水準に到達することを述べたのである。米国金融政策は〝利上げトンネル〟を通過している。このトンネルの出口が見えないことが不安心理を煽る。トンネルがまだまだ延々と続くのなら、先行きに対する警戒を強めざるを得ない。この不安心理を踏まえて、パウエル議長はトンネルの出口はさほど遠くはないと示唆したのだ。

インフレに対して甘いと受け取られる発言を示せば１～２月のような市場反応を招いてしまうだろう。とはいえ緊縮一本槍の発言では景気失速を警戒する予想が台頭する。その両者のバランスを測り、微妙な隘路を進む。このような「芸術的な」市場との対話能力が求められるわけだ。とりわけ、外野からトランプ大統領が口出ししてくるのでやりにくい。パウエル議長の心労が慮られる。

8月24日のジャクソンホールでの講演でパウエル議長は次のように述べた。

「最近のインフレ率は物価目標の2％上昇近くにまで加速してきているが、2％上昇を超えて加速していく明確な兆候は見られない」

「また、景気が過熱するリスクが高まっている兆しもない」

「現在進めている中立金利に向かって政策金利を緩やかに引き上げていくという金融政策正常化プロセスの効果の現れだ」

ここでもパウエル議長は「中立金利に向かって政策金利を緩やかに引き上げていく」との表現を用いた。パウエル議長発言は、2019年半ばにFFレートが目標金利水準に到達することを示唆するものだ。

パウエル議長が見せた「アート力」

しかしながら、ここで留意しなければならないことがある。それは、FRBが、FFレート引き上げを長期中立水準に到達した時点で終了する見通しを示してはいないことだ。FRBは2020年まで利上げを続ける見通しを示している。パウエル議長が再三示唆しているのは、FFレートが2019年半ばに長期の中立水準に達するということだけで、ここで利上げを終

日米金融政策決定会合日程

	日銀政策決定会合	FOMC
2018年	9月18日－19日	9月25日－26日
	10月30日－31日	11月7日－8日
	12月19日－20日	12月18日－19日
2019年	1月22日－23日	1月29日－30日
	3月14日－15日	3月19日－20日
	4月24日－25日	4月40日－5月1日
	6月19日－19日	6月18日－19日
	9月18日－20日	7月30日－31日
	9月18日－19日	9月17日－18日
	10月30日－31日	10月29日－30日
	12月18日－19日	12月10日－11日

了するとは一言も言っていない。

したがって、パウエル発言だけからは、米国の利上げ政策が近い将来に終了するとの見通しは生まれない。パウエル議長は、利上げがこの先延々と続くという「心理状態」を抑制しようとしているように見える。たとえは悪いが、容態の悪い患者に、もうすぐ治るとの印象操作を行っているような側面があることを否定できない。

金融政策運営は、この意味で優れて「アート」の側面を有していると言うことができる。グリーンスパン、イエレンなどは、その「アート」において大きな能力を発揮したFRB議長であった。パウエル氏も、これまでの言動からは、少なからぬ「アート力」を有している可能性が窺われる。

警戒されるのは、利上げが2020年まで続く見通しであるのに、2019年にも利上げが終了地点に差しかかるとの、現実とは異なる「印象」をパウエル議長が市場に植え付けてしまう可能性だ。同時に、この発言にトランプ大統領への「忖度」が含まれていると市場が受け止めてしまうことも金融波乱を招く原因になり得る。大統領府がこれまでの慣行を破るかたちで、金融政策に対する発言、介入を強めるなかでは、より一層、FRBの独立性を確保することに注意を払わなければならないが、他方において、金融引き締め政策強化に関する過度の警戒感を金融市場に与えれば大きな波乱を引き起こしかねない。この点にも目配りすることが必要になる。

パウエル議長の言動には、トランプ大統領に対する一定の「忖度」の形跡がうかがわれるが、問題が顕在化するのは今後の米国経済指標が強まる過程においてである。米国経済の現状を踏まえれば、利上げ路線が当面、継続される可能性が高いが、株価下落が加速するなかで弱目の経済指標が発表される場合には、利上げのペースダウンが浮上する可能性はある。この場合はFRBと大統領の間の「緊張緩和」が実現することになる。

問題は強目の経済指標が発表されて、FRBが追加利上げの決定が必要と判断する場合だ。このケースでは大統領府との軋轢が拡大する可能性がある。FRBは政治からの独立性を明示する必要に迫られるが、このことが金融市場の波乱を引き起こす原因になることも考えられる。

3　米中貿易戦争の終着点

「節分天井・彼岸底」を揺らした大統領令

2018年3月22日、米国のトランプ大統領は中国による米国の知的財産権侵害を理由に、通商法301条を発動し、中国製品を対象に年500億ドル（約5兆3000億円）相当の関税を課すという大統領令に署名した。突如として米中貿易戦争が勃発した。

TRIレポートでは1月29日号でニューヨーク株式市場の調整局面入りを予測した。ニューヨーク市場に連動して主要国の株価調整が発生した。日本株価も影響を受け、15％の調整を演じた。この株価変動についてTRIレポートでは、「節分天井・彼岸底」の株価変動を形成する可能性が高いとの見通しを示した。結果としては、レポートの予測どおりに日本株価は3月26日に安値を記録して反転上昇した。しかし、その直前の彼岸時節に株価反発の兆候が示された局面で、この事態が表面化したのだ。米中貿易戦争の勃発である。

トランプ大統領は強いアメリカの再現をスローガンに掲げ、選挙戦を展開した。「メイク・

アメリカ・グレート・アゲイン」である。そのための具体的方策が公約に明示された。TPPからの離脱もその一つだ。トランプ大統領は大統領就任初日にTPPからの離脱を決定することを公約に掲げ、有言実行の行動を示した。また、不法移民の入国規制強化の公約も、直ちに実行に移した。

ところが、米国メディアはトランプ大統領の有言実行を激しく攻撃した。米国議会には大統領就任直後の100日間において新大統領の提案に敬意を表し、大統領提案を尊重するという「100日間のハネムーン」と呼ばれる慣習が存在する。だが、トランプ政権に対しては、この慣習が打ち破られた。トランプ大統領は、大統領選のさなかも、大統領選勝利後も、そして大統領就任後も、主要メディアから激しい攻撃を受け続けてきた、極めて稀有な大統領である。

その背景に、既述したように、トランプ大統領が米国の支配勢力の完全支配下には移行していないとの事情がある。この事情を背景に、トランプ大統領は、大統領就任後に、米国の支配勢力の一部の利害に抵触する重要な行動をとった。TPPからの離脱である。

しかしながら、トランプ大統領が米国の支配勢力全体と対峙したのでは、政権を運営することは不可能である。大統領が自らの提案する政策を実現するためには、議会の承認を得る必要がある。米国大統領には強大な権限が付与されているが、大統領が提示する施策が実行されるためには、議会における議決が必要不可欠である。この意味で、米国支配勢力の完全支配下に移行していないトランプ大統領であっても、議会多数勢力との融和をはかる必要がある。

米国を支配する巨大資本は、金融資本、軍事資本、そして多国籍企業という三つのカテゴリーに区分して考えることができる。無論のこと、これらは、相互に重複しあう存在であり、明確に区分できる異質のカテゴリーではない。この三つのカテゴリーのうち、トランプ大統領は、金融資本、軍事資本と手を握り、多国籍企業の利害と衝突している。

トランプ政権が推し進める三つの基本戦略

トランプ氏は経済問題を重要視して「アメリカファースト」、「メイク・アメリカ・グレート・アゲイン」の考え方を訴えた。しかし、トランプ政権がアメリカのことだけを考え、すべての外交問題から撤退し、いわゆる孤立主義、内向きの政権運営に進むとの見立ては一面的にすぎる。トランプ大統領が示す「強いアメリカの再生」という言葉には、米国によるグローバルな覇権維持の意思が明確に組み込まれている。この点を見誤ってはならない。

トランプ大統領が念頭におく米国政府の基本戦略は以下の三つに要約できる。

第一は、経済問題における主要な貿易不均衡相手国との二国間での問題解決である。トランプ大統領は米国の巨額な貿易赤字を問題視する。輸入超過分が米国の生産減少、米国における雇用減少を生み出しているとの理解に立ち、貿易収支不均衡が大きい国を対象に、その削減、解消を二国間での交渉によって成し遂げる。これが第一だ。

第二に、外交の基本方針として、米国の負担軽減の観点から米軍配備の再編を進行させせることに同意しながら、一方で米国による覇権の維持に極めて高い優先順位を置いている。米国の覇権を脅かす最有力国家は中国である。中国のGDPが2026年には米国を上回る推移を示している。しかしながら、中国の高成長を支えている最大の原動力が米国への輸出である。中国はWTOに加盟しているが、米国は、中国が不公正極まりない行動を取り続けているると認識している。米国は中国による知的財産権侵害が、年間60兆円以上に達しているとの試算を有している。

トランプ大統領は貿易収支不均衡問題を国家安全保障上の問題と位置付け、強いアメリカ再生に向けての方策として、不公正な貿易慣行に対する厳格な対応という基本スタンスを明示している。この基本概念を、米国との貿易不均衡の大きな中国、メキシコ、そして日本、ドイツに適用する考えを示している。世界における米国の覇権死守という外交の基本スタンスが、トランプ大統領の基本政策の根幹に置かれている。

第三に、トランプ大統領は経済運営の基本哲学として、伝統的な共和党のスタンスである自己責任、自助の重要性を重視している。個人的自由、経済的自由を重んじ、税によって福祉サービスを賄うという福祉国家を、基本的には否定する立場に立っていると考えられる。米国のリバタリアニズムの思想を底流に保持していると見ておくべきである。

第二の外交の基本方針について補足しておきたい。米国の軍産複合体とネオコン勢力は、米国の外交政策において、四つの基本を置いている。

第一は、中国、ロシア、イランの発展抑止と、これらの国々が同盟関係を構築することに対する妨害。第二は、ドイツとロシアとの同盟関係成立の阻止。第三は、中国、日本、韓国による東アジア共同体の構築および関係強化の抑止と阻止。第四は、中東における反米巨大国家出現の阻止である。

これは、米国外交政策を実質的に定めているといわれる「外交問題評議会」（ＣＦＲ）が提示してきた、米国における覇権維持のための基本政策方針である。米国が覇権を維持するためには、ユーラシア大陸勢力を分断することが必要不可欠であり、ユーラシア勢力の分断を維持することによって、相対的関係によって米国が覇権を維持し続けることが常に意識されてきた。

現時点において米国の最大の脅威になっているのが中国であり、中国の経済成長を抑止するとともに、軍事力においても米国が中国に対する優位を確保し続ける。経済力、軍事力、そして技術力において、米国が世界における最高位を維持し続けることが、トランプ大統領の基本戦略であると考えるべきなのだ。

米軍再編による米国の軍事支出負担抑制が目指されてはいるが、米国が国際情勢に対する関心を低下させ、孤立主義に進むとの見立ては事実誤認である。

米国の独り勝ちとなった世界各国との貿易交渉

前述のとおり、トランプ大統領は、世界の各国各地域との通商交渉を一気に加速している。2017年の米国貿易赤字額は対中国赤字が3750億ドルと突出しており、これに次ぎ地域として巨額であるのが、EUの1510億ドル、メキシコの710億ドル、そして日本の690億ドルである。さらに、韓国との間でも180億ドルの赤字を計上している。

これらの対外収支赤字国地域との通商交渉において、トランプ大統領は得意とする「ディール（取引）」によって、次々に成果を獲得してきている。

韓国との間では、米韓FTA改訂案が署名に到達した。トランプ大統領は2018年3月に提示した鉄鋼・アルミの高率関税を武器に交渉を進め、韓国から米国への鉄鋼輸出に高関税率を課さない代わりに、数量規制を導入することを勝ち取った。

カナダ、メキシコとの間では、NAFTA（北米自由貿易協定）の再交渉を妥結させた。トランプ大統領は、メキシコ新政権が発足する2018年12月前の署名を目指している。自動車の高率関税設定が〝ブラフ（脅し）〟として用いられた結果、数量規制が導入されることになったとともに、為替レート変動に関して、為替介入を含む競争的な通貨切り下げを自制するとの文言が、米国の要求によってNAFTA新協定に明記された。

韓国に対しては、鉄鋼輸出を直近の7割に制限するという数量規制が敷かれた。米国・メキシコとの間のＮＡＦＴＡ再交渉では、米国への乗用車輸出が２６０万台を超えれば25％の高関税率を発動することが盛り込まれた。ＥＵとの交渉においては、自動車を除く工業品関税率引き下げ交渉の開始が合意され、自動車の関税率上乗せについては一時棚上げされた。自動車や鉄鋼に対する25％の関税率設定というブラフが交渉の原動力として活用され、相手の譲歩を獲得する、したたかな交渉術が展開された。

２０１８年9月26日に行われた日米首脳会談では、日米間において新たに物品貿易の関税率引き下げを交渉するＴＡＧ（物品貿易協定）交渉を開始することが決定された。安倍首相は日米二国間におけるＦＴＡ（自由貿易協定）交渉は行わないことを国会答弁で明言してきたが、事実上の日米ＦＴＡ交渉始動をのまされた。

米国のペンス副大統領は10月4日のワシントンでの演説で「日本と歴史的な二国間のFree Trade Agreement（＝ＦＴＡ）交渉を始める」と述べた。この発言は動画配信サイト「ユーチューブ」でも確認できるが、ホワイトハウスのホームページに掲載された演説記録には、ＦＴＡではなく「自由貿易取り決め（Free Trade Deal＝ＦＴＤ）」という言葉が用いられた。言葉のアヤをかいくぐって詐欺的な政治運営を行う安倍首相に、米国が配慮したものと思われる。

米国のトランプ大統領は安倍首相に対し、日米二国間協議を始めなくてもよい、そうであれば、日本の対米自動車輸出に25％の関税率を追加設定するだけだとの姿勢で臨んだと伝えられている。このひと言で安倍首相は日米間の二国間交渉を受け入れたと見られる。トランプ大統領の一本勝ちの様相が見て取れる。

米国は農産物等について、日本がＴＰＰ交渉で譲歩した以上の譲歩を強く求めてくると考えられる。そのうえで日本の自動車対米輸出については、ＮＡＦＴＡでのカナダ、メキシコとの交渉同様に、25％の高率関税適用をちらつかせて輸出数量規制設定を求めてくることになると考えられる。

激しいクラッシュの前に必ず訪れる「熱狂的な陶酔」

トランプ大統領は２０１８年４月、国家経済会議（ＮＥＣ）委員長のゲイリー・コーン氏を更迭し、新たにクドロー氏を起用した。この結果として、通商問題における発言力が封じ込められていた対中強硬派のピーター・ナヴァロ氏とロバート・ライトハイザー氏に大きな活躍の空間が広がった。この2名にウィルバー・ロス商務長官を加えた3名が、中国に対する強硬な経済外交政策をけん引している。

米国の貿易赤字は、全体としては２００６年のＧＤＰ比５・８％から、２０１６年の２・６％に大幅に改善しているが、対中国の経常収支赤字は、ＧＤＰ比２％水準が持続している。米国ＧＤＰの２％規模の所得が、米国から中国に移転され続けていることになる。その結果として中国の経済台頭が持続し、日本を凌駕し、２０２０年代後半に米国経済を凌駕する趨勢が維持されている。

中国の経済成長を抑止し、米国の軍事的、技術的優位を維持することにトランプ氏の外交戦略の基本が置かれている。この基本戦略を背景に始動した米中貿易戦争であるから、問題が早期に決着する可能性は低いと考えられる。

米国の対中国輸入総額は５０００億ドルであるのに対し、中国の米国からの輸入総額は１５００億ドル水準である。輸入製品に対する関税率の引き上げの応酬が展開された場合、中国が被る直接的不利益は米国の3倍以上になる。

しかし、中国が米国による輸入関税率引き上げによって多大な打撃を受け、景気後退局面に転落する事態に陥れば、そのブーメラン効果が、確実に米国経済にも波及する。その波及過程において、株式市場の連鎖的な暴落と、これに伴う新たな金融危機が発生すれば、米国も被害を免れない。世界第1位と第2位の経済大国による経済戦争は、金融市場の激変を通じて想定をはるかに超える影響をもたらしかねない点で、巨大リスクをはらむものだ。

それでも、米国の再強国化を掲げるトランプ大統領においては、中国の軍事面、経済面、技術面での最強国化阻止は、最重要政策課題に位置付けられている可能性が高い。２０１８年９月24日に、トランプ政権は対中国制裁関税の第3弾を発動した。これによって、制裁関税が上乗せされる中国の米国向け輸出対象金額が２５００億ドルに達した。中国の対米輸出の総額の半分に対する制裁関税適用が発動されたことになる。

これに対して中国も、米国からの対中国輸出に対する制裁関税を課す対抗策に打って出ている。しかし、その金額は合計で１０００億ドル強の水準であり、中国が米国による制裁関税によって被る打撃と比較すれば、米国が被る打撃は、はるかに小さい。

２０１８年9月までは、米中貿易戦争拡大は米国株価に下方圧力を与えてこなかった。ニューヨークダウは２０１８年9月には、1月に記録した史上最高値を更新した。トランプ大統領の強気の攻撃姿勢が期待通りの成果を生んでいるかに見えた。

ところが、好事魔多しである。２０１８年10月に入って様相が変化した。第1章に記述したように、中国株価の変調をきっかけにニューヨーク株価の急落が生じた。この後に、どのような推移をたどるのかについて断定的な予測は示し得ないが、中国経済の打撃が重大になるときに、米国経済が無傷でいられる可能性は低い。トランプ大統領の過剰な貿易戦争対応が、米国自身に跳ね返るリスクを十分に認識しておく必要があると考えられる。

貿易外交交渉において、トランプ大統領が次々に成果を上げていることは間違いない。しかしながら、これらの保護貿易措置に弊害がないわけではない。関税率引き上げ等による輸入貿易障壁の引き上げは、貿易量の減少をもたらし、経済全体を縮小均衡に導く可能性が高い。各国の物価には上昇圧力がかかる。

そして過去の歴史的事実は、保護された産業が逆に中長期の競争力を失うという傾向をも示している。また、国境における関税という障壁が拡大することになり、グローバルなサプライチェーンが破壊されるリスクが高まる。グローバルな視点での効率最大化という目標は阻害されることになる。

米国経済は、インフレなき成長を持続し、ＦＲＢは「エッジの上の均衡」と呼ぶことのできる微妙な隘路を縫うように歩んでいる。これまでのところは、株価上昇とインフレなき成長とが両立されてきたが、この好循環が未来永劫続くことはあり得ない。

激しいクラッシュ、カタストロフィーの直前には、必ず熱狂的な陶酔が存在する。時価総額1兆ドル企業の出現は熱狂的な陶酔を象徴する現象であるとも考えられる。劇的な転換局面が、次第に近づいている、あるいは、すでに始動し始めた可能性を軽視するべきではない。

第４章

日経平均株価上昇の裏にある落とし穴

1 ―「成長戦略」の投資戦略への活用術

株価上昇をいかにして利用すべきか？

２０１２年12月の第二次安倍内閣発足後、日本の株価は大幅に上昇した。しかし、２０１３年から２０１８年にかけての６年間の日本経済全体のパフォーマンスは良いものとは言えない。経済成長率は民主党政権時代を下回る。しかし、上場企業の企業収益は史上最高水準を更新し、株価が上昇した。このことへの政策評価は分かれるが、高い投資パフォーマンスを追求する視点から言えば、この株価上昇をいかに投資実績に反映させるのかが重要になる。

２０１２年11月14日から２０１３年５月にかけて、急激な円安と株価上昇が発生した。安倍内閣の量的金融緩和拡大政策が円安に繋がり、その円安が輸出企業の企業収益拡大を通じて株価上昇をもたらした。財政政策を転換して経済活動が上向いたことも株価上昇の重要な背景になった。

２０１４年は消費税増税により経済が停滞し、株価も低迷したが、２０１４年10月末の金融

民主党政権時代と安倍政権時代の実質GDP成長率比較（%）

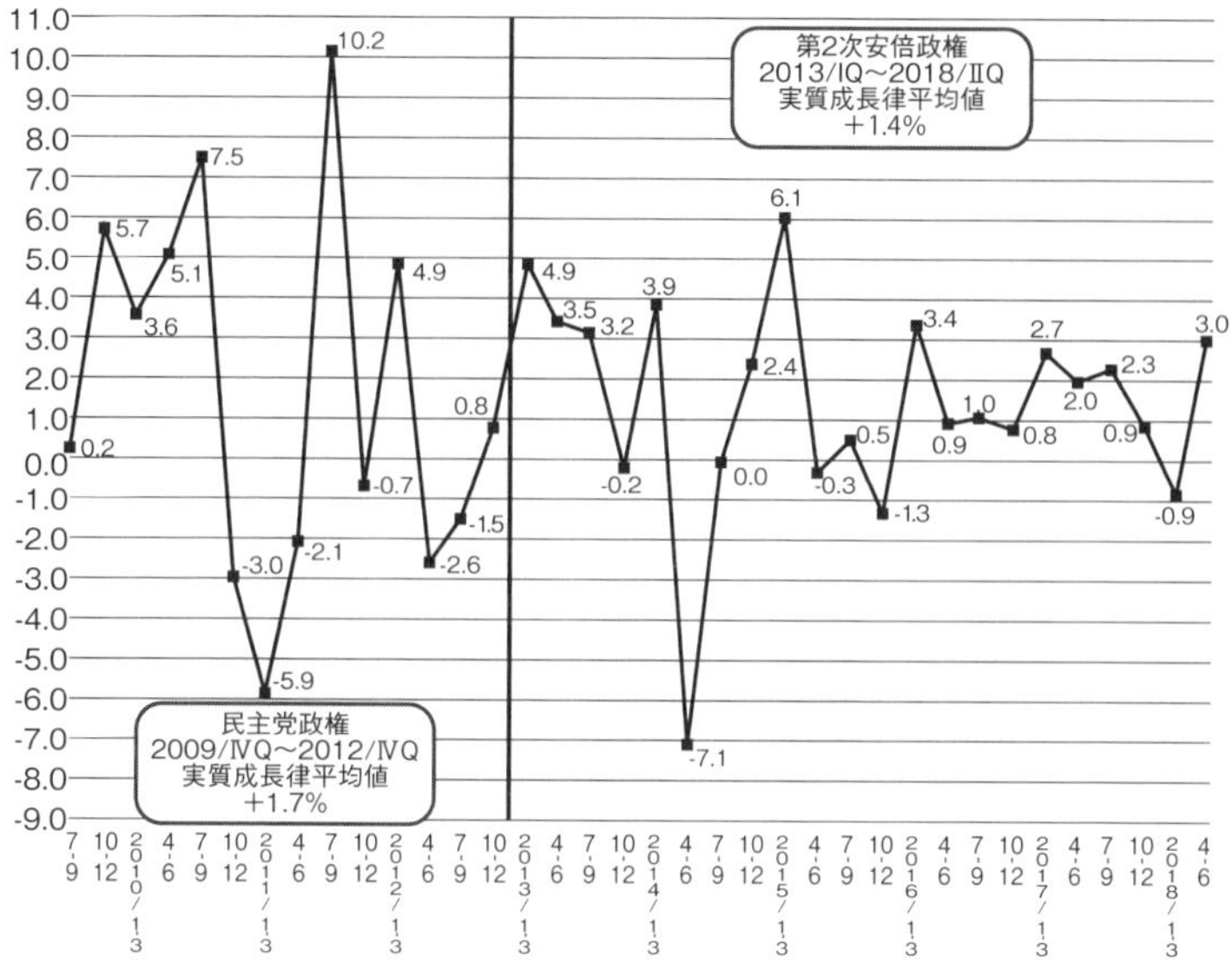

緩和政策拡大とこれに伴う円安進行、さらに、公的年金資金の運用資金配分変更などを背景に、２０１５年半ばにかけて、株価上昇の第二波動が発生した。しかし、その後、２０１５年6月から２０１６年2月、そして２０１６年6月にかけて、中国株価急落と円高進行を背景に、株価は約５０００円の下落を演じた。

株価が再上昇に転じた契機は２０１６年11月の米国大統領選挙だった。米国大統領選挙から２０１８年1月まで株価上昇の第三波動が生じた。２０１８年は、1月から9月まで調整局面を経たが、ニューヨーク株価の史上最高値更新を背景に、株価上昇の第四波動が始動するかという兆候が観察された。しかし、米国の利上げ継続と中国株価下落を背景に先行き不透明感が増大している。

日本経済が停滞を続けるなかで株価が上昇トレンドを維持してきた基本背景は、資本への厚い所得分配である。経済成長が停滞を続けるなかで、労働に対する分配が一段と圧縮され、資本に対する分配が拡大した。安倍内閣は経済政策目標の中心に企業収益拡大を据えてきた。しかし、このことは、その裏側で、労働に対する分配が減少し、実質賃金減少というかたちで市民生活が圧迫されてきたことを意味する。

その是正が必要であるとの声が一段と大きくなっている。労働分配を抑制し、資本分配を高める現在の安倍経済政策の延長上に重大な経済危機が到来するとの懸念も拡大している。この問題点を認識しつつ、これとは切り離して、投資パフォーマンスを高める課題に対応しなければならない。

マクロの視点から2012年以降の株価変動を概観したが、この変化のなかで、具体的にどの業種、あるいはどの企業が恩恵を受けてきたのか。それを考えるミクロの視点からの考察が必要だ。アベノミクスのミクロの側面を捕捉し、その影響を考察しなければならない。

アベノミクス三本の矢の核心が第三の矢、成長戦略であると述べた。筆者は成長戦略が以下の五つの柱によって構成されていると理解してきた。五つの柱とは、

①農業の自由化

②医療の自由化
③労働規制撤廃
④法人税減税
⑤特区創設および民営化

である。この五つの柱によって構成される成長戦略が、日本を破壊していると評価する。

高齢化とともにますます深刻化する「食」の問題

大企業利益拡大の視点から見れば成長戦略は、短期的には有効な施策だが、長期の日本経済全体、日本社会の方向性を考えれば、成長戦略は重大な害悪をもたらすものだと判断する。

日本では今後、急激な人口高齢化が進展する。同時に、人口減少というかつて遭遇したことのない事態に直面する。国立社会保障人口問題研究所の仮定計算においては、2015年に1億2700万人存在した日本の総人口が、40年後には9000万人を下回り、100年以内には5000万人程度に減少する。さらに、仮定計算上は、200年後には約1380万人、300年後には約450万人にまで減るとされる。このなかで、当面は急激な人口高齢化が進展し、2024年には日本の総人口の3人に1人が65歳以上の高齢者になる。さらに2042

年には高齢者人口が約4000万人に達するとされる。2024年はわずか5年先の未来だ。

このなかで、私たちの命を支える食の問題も深刻化する。2015年農林業センサスによると、農業就業人口は209・7万人となっており、1990年比で半分以下に減少している。そして、この農業就業人口の平均年齢は、66・4歳になっており、65歳以上の就業者が占める比率は、63・5%である。私たちの命の源である食糧を生産する農業人口の高齢化が著しく進展している。

この状況を踏まえて、農業の改革が唱えられている。安倍内閣が推進している「改革」とは、ひと言でいえば、既存の農業を排除して、新たに企業による農業を、農業の中核に位置付けることだ。その根源にある狙いは、グローバルに活動を展開する巨大資本の利益極大化にあると考えられる。日本の社会、あるいは日本の国民にとって望ましい農業のあり方を追求しているのではなく、あくまでもグローバルに活動を展開する巨大資本の利益を極大化するための方策として、農業の「改革」が検討されているのだと考えられる。

安倍内閣が推進する「改革」の骨格は、以下の三つだ。第一は、株式会社による農業への参入促進。第二は、農業・農地の集約化、大規模化。第三は、農業の商業主義化である。既存の農家による農業を排除するうえで、最も目障りな存在になるのが、共同組合組織としての農協である。農協を破壊し、日本の農業を農家による農業から、株式会社による農業に改変する。この方向が明確化されている。

漁業においては、零細な漁民を中心に漁業共同組合が組織され、それぞれの地域に定住する漁民による漁業が展開されている。漁業においても、共同組合組織としての漁協を破壊し、新たに、株式会社を基軸とする漁業の創設が目論まれている。

しかしながら、株式会社形態の農業・漁業には重大なリスクが付随する。それは、これらの資本が未来永劫にわたり農業・漁業を営む可能性が高いとは言えないことだ。企業形態の農業・漁業の目標は、あくまでも利潤追求にあり、国民生活を支える視点は存在しない。このことによってもたらされる弊害は、食糧供給の不安定化、商業作物への過度のシフト、そして農業活動の不安定化ということになる。さらに、営利追求の農業が国民の食の安全を崩壊させることが極めて深刻な問題になる。

農業の大規模化・集約化、さらに株式会社による農業経営拡大という方向を踏まえると、集約化が困難である中山間地の農地は農業放棄地に変質していくことが想定される。また、利益拡大を第一の目標とする農業においては、国民への農作物の安定供給という視点が欠落することになる。商業価値を追求する農業は、国民の食糧安定確保という目標と齟齬をきたす可能性が高い。

食の安全との関連で取り上げられる遺伝子組み換え＝GM種子による農作物では、その代表的な生産企業であるモンサント社がドイツのバイエルに統合された。日本政府は、モンサント社が製造する「グリホサート」を主成分とする除草剤商品「ラウンドアップ」等の使用を拡大させるために、農薬残留基準の大幅緩和を推進している。

遺伝子組み換え食品そのものの健康被害への懸念が高いなかで、遺伝子組み換え種子の生育に際して用いられる、毒性の強い農薬散布が拡大する方向にある。消費者は遺伝子組み換え食物の危険だけでなく、毒性の強い農薬の危険にも晒されている。

遺伝子組み換え種子は、強い農薬への耐性を持つ品種の開発を目的に行われてきた。このことから、食の安全は二重のリスクに直面している。すなわち、人体への有害性が懸念される遺伝子組み換え種子を用いた農作物は、その生育過程で極めて毒性の強い農薬の散布を受ける。そのため、遺伝子組み換え種子による農作物の摂取を拡大することは、がんなどの重大な疾病に罹患する確率を高めていくだろう。

重大な疾病に罹患すれば当然のことながら、医療行為を受けることになる。その医療で中核的な役割を果たすのが薬剤だ。モンサント社とバイエルの統合は、この意味で自己完結的である。種子と農薬で人々を疾病に陥れる。その先では、同じ企業体が薬剤投与でさらに利益を獲得するのである。究極のマッチポンプと言うべきだろう。「悪魔のビジネスモデル」と言っても過言ではない。

安倍内閣が推進する規制撤廃の流れは、特定の巨大資本に新たなビジネスチャンスを付与する。ビジネスチャンスを獲得して新たな収益機会を活かす企業が生まれれば、企業利益が拡大して株価は上昇するだろう。投資パフォーマンス追求の視点からは、こうした企業行動の是非を横に置いて、株価変動の予測を軸に投資戦略を構築することが必要になる。善悪の判断と投資判断とを、峻別しておく必要がある。

ノーベル賞薬「オプジーボ」が浮き彫りにする医療格差

成長戦略第二の柱は、医療の自由化だ。2018年ノーベル医学・生理学賞を日本の本庶佑《ほんじょたすく》氏が受賞した。がん細胞に対する免疫機能の分析で大きな業績を上げたことが評価の対象とされた。この研究成果として誕生したのが「オプジーボ」と呼ばれる医薬品である。ノーベル賞受賞を契機に日本におけるオプジーボ製造会社である小野薬品工業の株価が急騰する現象も観察された。

オプジーボは極めて高価な医薬品であり、すべてのがん患者がオプジーボを保険適用で使用することになれば、巨額の費用が発生する。現在の公的医療保険制度においては高額療養費制度が存在し、保険適用の医療行為であれば、高額の医療費が発生しても本人負担額には上限が設けられる。

70歳以上の患者の場合、現役並みの所得者世帯であっても、1カ月の負担上限額は8万100円＋（医療費－26万7000円）×1％に抑えられる。所得区分が一般の患者の場合は、1カ月の負担上限額は、4万4400円。所得の少ない患者の場合には、月間上限額1万

5000円ないし2万4600円となる。しかしながら、実際に発生している薬剤費は月に266万円（体重60キロの場合）であり、実際に発生する薬剤費と本人負担金額の差額は保険制度からの支払いになる。

日本の公的保険医療制度が今後どのような展開をたどるか、極めて重大な局面に差し掛かっている。日本政府は二つの基本方針を示している。第一は、医薬品および医療分野を成長産業として位置付けること。医薬品、医療サービス、医療機器ビジネスを成長産業と位置付けている。第二は、政府の社会保障支出を抑制することだ。高齢化が進展するから社会保障支出は否応なく増える。しかし、財政状況が厳しいとの理由で、その増加を抑制する方針が示されている。社会保障の質を切り下げる方針が示されているということになる。

このなかでオプジーボのような技術開発の進展は、深刻な問題の表面化を加速させている。技術進歩による医療水準の向上は歓迎されるべきものだが、その費用を捻出することが困難になっている。安倍内閣が医療を成長分野としている判断は、医療関連財・サービスの価格高騰を前提とするものだ。オプジーボなどはその典型事例である。高額医薬品の販売が増大することは医療GDPの増大を意味するが、この事実が政府の社会保障支出抑制の基本方針と対立してしまうのだ。医療技術の進歩を公的医療保険が包摂できなくなることは避けがたい。

ノーベル医学・生理学賞報道において、オプジーボの開発により命を救われた患者のコメントが紹介されたが、その患者の多くは、オプジーボが保険適用となり、高額療養費制度を利用できた方々である。幸甚と言えるが、この状況の永続は困難である。

オプジーボ事例のテレビでの紹介に連動して、多くの人々からオプジーボの投与が必要な状態になったときに、その投与を受けられるのかどうかという質問が殺到した。現実には今後の日本において、医療の世界における二極分化、残酷な格差が生じることは間違いない。

財政支出を抑制する観点から、高額医療行為を保険適用から除外する方向に論議が誘導される可能性が高い。そうなると、重大な疾病に罹患した際に最先端の医療を受けることができるか否かが、貧富の水準によって決定されるという状況が生じてしまう。

公的医療保険にしか加入していない国民は、最先端の医療を受けられない。最先端の医療を受けるには、高額の民間医療保険に加入しなければならない状況が生まれる。日本の格差問題は、いよいよこれから真に深刻なフェーズに移行する。

就職氷河期に就職期を迎えた団塊ジュニア世代を中心とする年齢階層の人々の多くが、生涯非正規労働での就業を迫られている。その結果、年金と医療保険の両方について、無保険者状態に陥っている国民が多数発生している。

他方で、一握りの高額所得者＝富裕層の人々は、先端医療をもカバーする高額な民間医療保険に加入することにより、重大な疾病に罹患しても、保険を活用して最先端の医療を受けることができることになる。そして、そもそも重大な疾病に罹患する確率は、富裕者のほうが所得の少ない階層の人々よりも大幅に低いという現実もある。

すべての国民が、いつでも、どこでも、誰でも、必要十分な医療を受けられる制度として、日本の国民皆保険制度が確立されてきたが、いよいよこの制度が崩壊する、あるいは破壊される局面に立ち至っている。

日本の医療システムが公的保険医療と非公的保険医療の二本立て体制に移行する時期が、急激に前倒しされ始めている。この変化を加速させているのが、政府による価格自由化の政策対応である。価格自由化が薬剤価格などの高騰をもたらす。医療のGDPを拡大させる視点からは価格高騰は歓迎される。医療ビジネスを展開する大資本は、この方向を歓迎している。

しかし、薬剤価格等の高騰は先端医療の公的保険適用を著しく困難にし、公的医療保険制度の崩壊を加速させる原因になる。医療が公的保険医療と非公的保険医療の二本立てになることは、民間医療保険を販売する大資本保険会社にとって大きなビジネスチャンス到来を意味する。

つまり、人々の生活、老後の安定などの重要性など考慮せずに、ひたすら大資本の利益極大化を目指して、薬剤価格の自由化、公的保険医療の実質的崩壊が積極的に誘導されている疑いが強い。医療は国民の命に直結する分野であるから、価格自由化という基本方針に重大な誤りがあると考えるべきだ。オプジーボなどでは薬価の引き下げが実施されて、企業側はこれに異を唱えるが、医療産業の社会的責任を踏まえれば、こうした対応が不可欠になる。

「人手不足」ではなく「賃金不足」が深刻なのだ

第三の柱が労働規制撤廃である。これが安倍内閣成長戦略の本丸だ。電通で過酷な業務を強いられ過労自死をした高橋まつりさんがクローズアップされた。裁判所は、検察による電通の略式起訴を認めず、法廷での公開裁判を強制した。その目的は、安倍内閣が強行した「働き方改革」関連法制定を推進することにあったのだと思われる。

電通裁判によって過労死問題に対する人々の関心を集めさせる。そのために、高橋まつりさんが「利用」されたのだ。安倍内閣が働き方改革関連法を国会で強行制定したその日、高橋まつりさんの母親をはじめとする過労死遺族が、国会傍聴席で遺影を掲げて審議を見つめた。いずれも安倍内閣が強行制定した法律に反対の意思を表明するためだ。「何のための法律強行制定なのか」との憤りが、過労死犠牲者の遺族の口から発せられた。

安倍内閣は四つの柱を持つ労働規制改革法案を提出した。裁量労働制の適用範囲拡大、高度プロフェッショナル制度の導入、長時間残業の合法化、同一労働同一賃金制度導入、の四つだ。高橋まつりさんの事例をもとに、長時間残業について罰則付きの規制が設けられることになったが、新たに制定された法律は月１００時間までの残業を容認するものだ。これまでの過労死裁判事例において、月間80時間労働で過労死が認定されたケースが多数存在する。新たに制定された法律は、留保条件が付けられているが、月間100時間までの残業を容認するものである。法律が施行されれば、長時間残業が合法化されることになる。

裁量労働制と高度プロフェッショナル制度は、仕事の成果に対応する報酬制度であり、報酬が求める成果を達成するために、労働者が過労死水準を超える長時間労働を強いられることになる可能性が高い。年収水準が高い労働者を対象とする制度だと説明されているが、今後、年収のハードルが引き下げられる可能性も高い。

労働者の命と健康を守るには、勤務を終えてから翌日の勤務に入るまでの時間に下限を設定することが必要不可欠だ。EUでは、このインタバル規制が設けられている。すべての労働者に適用する、厳しい罰則規定を付したインタバル規制の導入が何よりも優先されるべきだ。しかし、その対応が取られていない。

「同一労働同一賃金制度」は聞こえは良いが、実際には、さまざまなかたちで正規労働者と非正規労働者の格差を容認する内容の法律になっている。

さらに、企業が求めているのが外国人労働力の活用拡大だ。人出不足の深刻さが叫ばれている。介護を中心とする医療福祉産業、外食産業、そして宿泊サービス等で人手不足が深刻化していると指摘される。その解決策として企業経営者が強く求めているのが、外国人労働力の活用である。所得水準が低い国・地域の労働者を日本で雇用すれば、相対的に低い賃金水準で労働力を確保できる。

この外国人労働力の活用は、実質的な〝人の輸入〟である。米国産の高品質のコメが安価で日本市場に流入すれば、国産米の価格は暴落する。同様に、勤勉な外国人労働者が安価な賃金で日本に輸入されれば、国内労働者の賃金が暴落する。企業が外国人労働力の活用を求めているのは、これが狙いなのだ。

企業にとって労働コスト削減は企業利益増大策の決め手である。経済が低成長の下で大企業利益が増大したのは、実質賃金をカットしたことによる面が大きい。しかし、このことは同時に、日本の労働者を下流に押し流したことを意味している。

「人手不足が深刻」と言われるが、本当は違う。「賃金不足が深刻」なのだ。人手不足の医療福祉サービス、外食産業、宿泊サービスの分野で、時給を倍にして求人広告を出してみれば、たちどころに人手不足は解消するはずだ。過酷な労働に見合う賃金を提示しないから労働者が求職しないだけなのだ。しかし、賃金を引き上げれば企業利益は減少する。

安倍内閣は外国人の在留資格基準を緩める法案を２０１８年秋の臨時国会に提出して強行制定する構えを示している。企業利潤だけしか考えない、まさに片肺飛行である。その片肺はハゲタカ資本への利益供与であって、日本の主権者の利益に反するものだ。本末転倒の政策対応と言うほかない。

安倍内閣が推進している労働規制撤廃は以下の五つに要約できる。長時間労働の容認、正規労働から非正規労働へのシフト、残業させ放題労働の拡大、外国人労働力の活用拡大、解雇の自由化だ。これらの施策の究極の狙いは、労働コスト削減にある。労働コスト削減こそ、資本への分配を高め、労働への分配を圧縮する施策であり、2013年以降の日本経済の基本構図をもたらしてきた「主犯」である。

これらの施策が間違った政策であることは明白だが、それでも、現実の企業収益、株価はこれらの現実によって変化する。労働規制撤廃によって利益を増大させる企業の株価は、少なくとも短期的には上昇しやすくなる。投資パフォーマンス追求の視点からは、間違っていても、この現実から目をそらすことはできないことになる。

成長戦略の第四の柱は、法人税減税だ。法人税減税が、とりわけハゲタカ資本から要求されてきたことを既述した。日本政府はハゲタカ資本の要求=命令に従って法人税率を大幅に引き下げてきた。

特区・規則撤廃で私腹を肥やす人々

そして第五の柱が、特区創設および民営化だ。

農業、医療、労働の各分野において、グローバル巨大資本が要求する制度変更を、法律改正を伴わずに先行的に特定地域において実施する特区創設が加速されてきた。しかしその実態は、加計学園による獣医学部新設認可事例が象徴するように、特定事業者に対する政府による利益供与の色彩が極めて強い。

　神奈川県が実施した家事代行サービスにおける外国人労働力を活用する特区において、事業を受託した企業の一つがパソナであった。株式会社による農地取得を認める特区創設で兵庫県養父市において事業実施主体となった企業がオリックスの子会社だった。

　規制改革や国家戦略特区を論じる会議に参加する民間議員が、自分の所属する企業の利益増大をはかり、制度変更を推進している。民営化・特区創設に伴う、「新しい金権腐敗」が広がっていることが窺われる。

　日本の経済政策策定の場はいまや悪の巣窟と化しており、その一新が求められているが、その対応とは切り離して投資パフォーマンス向上を追求する必要がある。

　腐っていても株価が上昇するなら、その株価上昇をリターンに組み込む工夫が必要になる。個別の投資対象選定にあたっては、善悪の判断とは別に、企業収益の変化、企業ビジネス環境の変化を考察することが必要なのである。

2 2018年12月発効が決まった「TPP11」

ISD条項の導入を強く主張したのは日本だった

2014年12月の総選挙の際、当時野党だった安倍自民党は、野田内閣が推進していたTPP交渉への参加方針に対し、「反対」を前面に押し立てる主張を展開した。自民党は2012年3月にTPPについて、6項目の公約を明示した。その内容は、

①重要農産品について関税撤廃の聖域を設ける
②工業製品における数値目標を受け入れない
③国民皆保険制度を守る
④食の安全安心の基準を守る
⑤国の主権を損なうISD条項に合意しない
⑥政府調達金融サービスは我が国の特性を踏まえる

というものだった。

ところが安倍首相は、選挙から3カ月も経たぬ２０１３年3月15日に、ＴＰＰ交渉への参加を発表した。そして、驚くことに公約として明記した六つの内容をすべて破棄したのである。

ＴＰＰ交渉の最終決着では、米、麦、肉、乳製品、砂糖の5品目に属するタリフラインにおいて、関税引き下げの対象から外された品目は一つも存在しなかった。日本はＴＰＰ交渉に参加する際の日米事前協議において、自動車輸入の数値目標を受け入れた。そして、すべての国民が必要十分な医療を受けられる制度としての国民皆保険制度は、すでに崩壊し始めている。食の安全安心の確保も根底から崩壊しつつある。

ＴＰＰにはＩＳＤ条項が盛り込まれたが、ＩＳＤ条項を盛り込むことを最も強く主張したのが、実は日本であった。ＴＰＰ後に合意が成立した日欧ＥＰＡにおいては、欧州がＩＳＤ制度を否定し、ＩＳＤに代わるＩＣＳ（投資裁判所制度）という制度の構築を訴えている。

安倍自民党は選挙公約で、「国の主権を損なうＩＳＤ条項に合意しない」と明記したにもかかわらず、ＴＰＰ交渉においても、日欧ＥＰＡ交渉においても、ＩＳＤ条項を盛り込むことを強く主張したのである。

ＩＳＤ条項とは、ある国に投資をした企業が、その投資国の制度や規制によって損害を受けたと世銀傘下の仲裁廷に訴える制度である。この制度の特徴は、この仲裁廷が示す決定が、当該国の法律よりも上位に位置付けられることだ。日本の制度・規制の決定権を日本が喪《うしな》う。仲裁廷が企業の訴えを認めれば、国家が制度改定と損害賠償金の支払いを強要される。治外法権を新たに創設する主権放棄の制度がＩＳＤ条項なのだ。

公共調達、金融サービスで我が国の特性を踏まえるとは、自治体の公共事業で地元企業に優先権を付与するする措置、あるいは、日本郵政の金融サービス等について、歴史的経緯を踏まえることを意味するが、外国資本はこれらの制度、慣行が外国資本に不利益を与えるとして撤廃を求めてきた。

日米事前協議では、米国保険会社の収益商品であるがん保険などの商品をかんぽ生命が販売することが禁じられ、米国保険会社商品を郵便局窓口で販売することが決められた。これらの措置は、日本政府が自主的に決定した事項だとされた。文字通り「日本が売られる」行為が取られてきた。

米国が離脱したＴＰＰに日本がこだわる本当の理由

ＴＰＰは自由貿易を推進する制度であり、自由貿易で繁栄した日本はＴＰＰを推進するべきとの主張があるが、正しくない。日本の関税率は工業製品、非工業製品いずれにおいても、世界標準と比較して低い水準にあり、日本市場は十分に開かれている。例外的に特定の品目の関税率を国内産業保護等の必要性から高く設定することは、ＷＴＯによって認められている、合法的な対応である。

ＴＰＰによって懸念されるのは、農産品等の関税率が大幅に引き下げられ、国内農業が壊滅的打撃を受けることだが、日本政府は自由貿易を推進することが日本の国益であると主張している。だが、この主張と日米事前協議での対米自動車輸出関税率の長期据え置き決定の行動は、完全に矛盾する。

米国の自動車輸入関税率引き下げと引き換えに、日本が農産物輸入関税率を引き下げるなら理解できるが、米国が自動車輸入関税率を引き下げないことを日本が受け入れて、日本が農産物の輸入関税率を引き下げるのでは、〝亡国外交〟と言うほかない。

安倍内閣がＴＰＰに前のめりである理由は、安倍内閣が日本の主権者の利益ではなく、グローバルに活動を展開する巨大資本、すなわちハゲタカ資本の利益極大化を目標に行動しているからとしか考えられない。内閣総理大臣は日本の主権者の代表者であるはずなのに、なぜこのような行動を取るのか。

その理由は単純明快だ。ハゲタカ資本の利益に貢献すると、内閣総理大臣自身に経済的な見返りがあるからなのだ。そう推察できる。

最高裁判所が企業献金を合法化してしまった。これも、裁判所が政治から独立していないために起きた過ちである。大資本は圧倒的な資金力で政治を支配してしまう。政治への資金の流れは、表に出る政治資金収支報告書に記載されるものだけではない。巨大な資金が裏側で動く。この巨大な資金によって政治行動が「買われて」しまっている。

２０１６年11月の大統領選挙で第45代米国大統領に選出されたトランプ大統領は、２０１７年１月の大統領就任と同時に、ＴＰＰからの離脱を表明した。

日本では２０１６年秋の臨時国会に安倍内閣がＴＰＰ承認案を国会に提出した。国会では、トランプ大統領が就任すればＴＰＰから離脱する可能性が高く、日本は承認を急ぐべきでないとの主張が提示された。ところが安倍首相は、ＴＰＰ合意の内容を確定し、今後一切手を付けさせないために批准を急ぐ必要があると主張した。

米国が離脱するとＴＰＰ最終合意文書を改訂しなければＴＰＰを発効できなくなる。ＴＰＰは完全な死を迎える。米国の動向を見極めてから日本は条約批准に進むべきとの声が示されたのである。安倍首相はこの声を押しのけてＴＰＰ批准を強行した。

果たして、米国はＴＰＰから離脱した。これでＴＰＰは臨終を迎えたはずだった。ところが、安倍首相は驚くことにＴＰＰ最終合意文書の見直しを主張し始めた。厚顔無恥もここまで来ると立派と言うべきかもしれない。ＴＰＰ再交渉で参加国からＩＳＤを凍結するべきとの主張が示されたが、日本は終始一貫、ＩＳＤ条項を盛り込む主張を展開し続けた。２０１２年の自民党公約は完全なフェイクだったのだ。

規制改革の正体はハゲタカ資本の導入

ＴＰＰに連動して日本で種子法が廃止された。米、麦、大豆の主要農作物について、公益性の高さから、その種子が公的管理下に置かれてきた。自治体が種子の品種改良、品種保全に財政資金を投下し、農家は主要農作物の種子を安価に安定的に調達できた。この制度を支える法律が突如廃止されたのだ。

政府は、地方自治体の育種施設等を民間事業者に提供させる方針を定めた。民間事業者を支配しているのは言うまでもない。ハゲタカ資本である。モンサント社に代表される世界の種子事業者は、日本市場をターゲットとしている。

日本での種子ビジネス拡大に際しての最大の障害が種子法だった。ハゲタカ資本は安倍内閣に手を回して種子法を廃止させ、ハゲタカ資本に巨大な国有知的財産等を上納させようとしている。

日本政府は、同時に種苗法の運用を抜本的に転換する方針を示した。種子の知的所有権を保護するためのＵＰＯＶ条約（植物の新品種の保護に関する国際条約）を日本は批准している。種子の育種権者の利益を守ることを目的とする条約である。

しかし、日本は食料・食業植物遺伝資源条約をも批准している。この条約は農業者による種子の自家採種の権利を認めている。

このことから、これまでの種苗法においては、例外品目として例示するリストに掲載した品種についてのみ、自家採種を禁止してきたのだが、日本政府はこの運用を抜本的に転換し、農家の自家採種を原則として禁止する方向に制度を改変する姿勢を示している。

すべては、グローバルに活動を展開する巨大資本の利益極大化のための行動だ。誰のための日本政府であるのかとの根本的な疑惑が一段と強まっている。

こうした制度変更を企てる「悪の巣窟＝総本山」がある。それが規制改革推進会議だ。このことを裏付ける重要な文書が存在する。日本がＴＰＰに参加する際に、〝入場料〟として合意を強要された日米二国間合意だ。この文書は、ＴＰＰ付属文書として、ＴＰＰ署名式で署名されている。米国がＴＰＰから離脱したから付属文書は効力を発揮しないことを安倍首相が国会で述べていたが、その後にこの方針も覆された。

２０１７年12月9日の国会で、河野太郎外務大臣は「ＴＰＰの付属文書の内容は、日本が『自主的に』決めたこととの確認なので、ＴＰＰの発効にかかわらず『自主的に』実行する」と答弁した。米国の自動車輸入関税率が29年間も引き下げられないことも、日本が「自主的に」決めたこととされているのである。

日米合意文書の内容は日本が自主的な判断で決定したことである、と明記されており、ＴＰＰの発効いかんにかかわらず、有効であるとされている。合意文書に記載されている重大箇所は以下の部分だ。「保険等の非関税措置に関する日本国政府とアメリカ合衆国政府との間の書簡」のなかの「投資・企業等の合併買収　３・規制改革」に明記されている。

「日本国政府は２０２０年までに外国からの対内直接投資残高を、少なくとも倍増させることを目指す日本国政府の成長戦略に沿って、外国からの直接投資を促進し、ならびに、日本国の規制の枠組みの実効性および透明性を高めることを目的として、外国投資家その他利害関係者から意見および提言を求める。

意見および提言は、その実現可能性に関する関係省庁からの回答と共に検討し、および可能な場合には行動を取るため、定期的に規制改革会議に付託する。

日本国政府は規制改革会議の提言に従って、必要な措置を取る」

日本政府はハゲタカ外資から意見および提言を求め、その実現可能性に関する関係省庁からの回答とともに検討し、可能な場合に行動を取るために、定期的に規制改革会議に付託し、そのうえで日本国政府が必要な措置を取る、ことを義務付けられたのだ。

ハゲタカ外資は日本の諸制度、諸規制を変えることを日本政府に要求し、日本政府は規制改革会議を通じて、その要求に応えなければならないこととされた。このために、種子法廃止や種苗法の運用原則抜本転換などの重要な制度変更が、次から次に表面化している。

麻生太郎財務相は２０１３年４月に、米国のシンクタンクＣＳＩＳ（戦略国際問題研究所）において「日本の水道をすべて民営化する」と発言した。日本がＴＰＰ交渉への参加を認めてもらうために、「売国特大セール」を敢行していたタイミングでの発言だ。

巨大な公費を投入して営まれている水道事業の運営権を譲渡してもらえば、リスクフリーで高収益を獲得することができる。独占事業だから値上げもしたい放題、独占利潤の獲得もしたい放題になる。こうしたハゲタカ資本への馬鹿げた利益供与が白昼堂々横行している。

モンサント株価急落に見る成長戦略の落とし穴

安倍政治の本質は「売国政治」と言わざるを得ない。日本の主権者として、その是正を推進しなければならないが、投資家としての立場からは、善悪の判断を脇に置いた対応も必要になる。悪い政策であってもそれが現実なら、現実の金融変動は、その現実の政策によって影響を受けるからだ。

2018年6月4日に公表された規制改革推進に関する第三次答申を見ると、現在、どのようなメニューが規制改革推進会議を舞台に推進されているのかが、手に取るように分かる。それは、グローバル巨大資本が日本における利益を極大化させるために、安倍内閣に「要請」＝「命令」している事項であり、近い将来、実現する可能性の高いものだ。これらの制度変更によって、特定の企業に利益供与される可能性は高く、株式市場分析としては見落とすことができない。

先述した、健康被害の懸念が強く指摘されている、グリホサートを主成分とするラウンドアップという除草剤は、日本で広く市販されている。テレビのCMにも登場する。

ところが２０１５年３月、ＷＨＯの外部研究機関ＩＡＲＣ（国際がん研究機関）は、グリホサートをグループ２Ａというカテゴリーに分類したことを発表した。グループ２Ａとは、「おそらく人に発がん性がある」という、リスクの高い順で上から二番目のカテゴリーに該当する。

ＩＡＲＣはグリホサートについて、「ヒトの非ホジキンリンパ腫に対して、限られた根拠があり、さらに、動物実験では発がん性の明白な根拠がある」との結論を示した。

この発表を受けて、米国カリフォルニア州環境保健有害性評価局は、２０１７年６月に同州で定める通称プロポジション65の物質リストに、発がん性物質としてグリホサートを加えることを発表した。それから１年後の２０１８年８月10日、カリフォルニア州サンフランシスコの裁判所は、ラウンドアップの使用によってがんを発症したことに伴う損害賠償を請求した訴訟において、その製造者であるモンサント社に対し、原告に２億８９００万ドル（約３２０億円）の支払いを命じる判決を示した。

モンサント社はラウンドアップの開発メーカーで、ベトナム戦争の際には枯葉剤を開発したメーカーとして知られている。世界最有力のアグリビジネス企業であり、とりわけ遺伝子組み換え種子開発のトップメーカーである。

既述したように、モンサント社はドイツの医薬品企業バイエルに買収されたが、サンフランシスコの裁判所判決によって、株価が急落した。

規制撤廃、成長戦略はグローバルに活動を展開する巨大資本の収益を拡大させ、株価を上昇させる要因になる場合があるが、グリホサート、ラウンドアップに関連する裁判事例のようなケースでは、株価を急落させることも発生し得る。この意味での逆のリスクにも、常に注意を払う必要がある。

第5章

2019年波乱相場を勝ち抜く賢者の投資戦略

1 ―― 2019年のマーケットトレンド

アマゾンがけん引する販売、流通の世界的革命

2018年8月2日、アップル社の株式時価総額が1兆ドルを超えた。続いて9月4日にはアマゾンの株式時価総額も1兆ドルを超えた。日本円に換算して110兆円以上。日本の国家予算の規模を超える。たった1社の株式時価総額が100兆円を突破したのだ。

ニューヨーク大学経営大学院のスコット・ギャロウェイ教授が、『the four GAFA 四騎士が創り変えた世界』を出版して話題を集めている。「GAFA」とは、米国株式市場をけん引するハイテク企業である、Google、Apple、Facebook、amazonの4社の頭文字を組み合わせたものだ。

これ以外にもマイクロソフト、ネットフリックス（Netflix）、エヌビディア（NVIDIA）、テスラ（Tesla）など、新興企業の躍進が目覚ましい。GAFA4社の株式時価総額は3・5兆ドル規模に達し、ドイツのGDPに接近している。アメリカの有力500社の株式時価総額に

占める4社の比率は13％を超え、10年前の5倍に達している。アマゾン時価総額が1兆ドルを突破した時点で、Ｓ＆Ｐ５００種株価指数の２０１８年初来上昇率9・9％のうち49％を、アップル、アマゾン、アルファベット（＝グーグル）、マイクロソフト、ネットフリックス、エヌビディアの6社が占めた。このうちアマゾンの寄与度が15％と最も大きい。

ひとくちに「ＧＡＦＡ」と表現しても、業務内容には差異がある。アップルの急成長はスマートフォンの創出によってもたらされた。天才経営者スティーブ・ジョブズが開発したアイフォーンが世界市場を席巻。日本企業は携帯電話事業に注力してきたが、アイフォーンの登場により完全に劣勢に追い込まれた。全世界のユーザーの潜在的ニーズに応えた、エレガントで高機能、ハイパフォーマンスの芸術作品としてアップルが提供した一つの製品が、世界市場を制覇したのだ。ハイテク企業の完成形がアップルと言える。

アマゾンは消費流通市場の形態を変えた。消費者が求める財の販売をインターネット上に集約した。消費者はアマゾンによって商品の存在を知り、価格を訴求し、短時間で商品を入手する。このすべてのニーズを満たすプラットフォームを、アマゾンが構築したのだ。その構想力、ストーリーによって、安価な資金調達が可能になり、物流を効率化するための巨大投資が実行に移されてきた。

インターネット上に多数の商品供給者が軒を連ね、消費者はインターネットを通じて商品の存在を把握し、価格を訴求。そして最短でのデリバリーを要求するが、そのすべてを満たすソリューションをアマゾンが提供したのである。さらにアマゾンプライムが、猛烈な勢いで世界の消費者の囲い込みを始動させた。販売、流通、物流の世界規模での革命が進行しつつある。

アマゾンはさらに、バーチャルなネット上での取引から、リアルな店舗へと新たな一歩を踏み出している。リアル店舗における物流、販売について、アマゾンは新たなプラットフォームを提供し始めている。「Amazon Go」のシステムが導入されれば、無数のコンビニエンスストアが、限りなく無人店舗に近い状況に転換することも予想される。小売業における人手不足を、アマゾンが解消する可能性も生まれ始めている。

ますます重視されるビッグデータ

この2社と、フェイスブック、グーグルは、事業内容を異にする。グーグルはインターネット上の検索エンジン・トップ企業である。人工知能を活用してユーザーに検索情報を提供するが、ユーザーの検索行為そのものがグーグルにとっての情報源になっている。

ユーザーによる検索が増えれば増えるほど、情報の蓄積が進み。的確な情報が提供されることになる。そうなると、ユーザーのグーグルシフトがさらに加速する。先行企業と後発企業の差を埋めることが時間の経過に比例して益々困難になる。このメカニズムでグーグルが、検索エンジン市場での君臨の度合いを強めるのだ。

前述のギャロウェイ教授が指摘するように、5000万人のユーザーを獲得するのに、電話は75年、テレビは13年要したが、インターネットはわずか4年でこれを達成した。そして10億人のユーザーを獲得するのにGmailは10年、フェイスブックは9年しか要していない。

フェイスブックのユーザーが20億人に達しようとしている。インターネットを活用した人と人との繋がり、ネットワーク形成の強みは、単にネットワークが形成されるということにとどまらない。10億人、20億人単位のユーザーによる利用そのものが、新たな重要な情報源になる。フェイスブックで150回の「いいね！」ボタンを押せば、AIは、配偶者よりも、その本人を理解することができ、300回に達すれば、AIは、本人以上にその人物の属性を的確に推定できるとされる。この個人情報が、すべての事業者にとっての最重要情報になる。

この情報に基づくネットワーク上の広告は、費用対効果で最強になると考えられる。テレビ・新聞のマスメディアが、もはや「マス」とは表現できない地点にまで追い込まれてしまう日は遠くないだろう。グーグルやフェイスブックは、インターネット上に巨大なネットワークを構築し、そのネットワーク上でユーザーが入力する情報をAIによって分析することにより、付加価値のある巨大情報を蓄積し、既往最大の広告媒体にのし上がろうとしている。

商品販売戦略でまず重要なのは製品の高い性能であるが、その性能は常に最終消費者のニーズを満たすものでなければならない。アップルのアイフォーンは、天才による製品開発で超優良製品が提供され、その価値が消費者を引き寄せる。プロダクトアウトの流れである。

これに対して、消費者のニーズを探って、試行錯誤を繰り返しつつ、最終的に消費者のニーズにマッチする製品を提供するというプロセスも存在し得る。この場合には、消費者の情報をいかに大量に、そして的確に、さらに効率よく入手、分析できるのかが勝敗を分けることになる。さらに、優良な製品を開発しても、その情報が消費者に伝達されなければ販売を拡大することはできないだろう。

インターネット上に自社が支配する巨大なネットワークを形成した企業の比較優位は絶対的なものになる。そのネットワーク資産の存在だけで、巨大な広告収入を上げることが可能になっている。ビッグデータビジネスの潜在的パワーは計り知れない。

仮想通貨＝通貨発行権の国家から民間への移行

一方で、既存の金融機関の収益環境が悪化している。最大の理由は長期金利の低下だ。銀行の資金調達コストは銀行間市場の金利に支配されるが、長期超金融緩和政策の下で、金融機関の短期資金調達コストは限りなくゼロに近づいている。これに対し、長期金利が高水準で推移すれば、長短金利のスプレッドによって、金融機関は安定的な利ざやを確保できる。これが、従来の金融機関の巨大利益の源泉だった。

しかしながら、世界的なディスインフレ、デフレの進行により、長期金利水準の超低迷が長期化している。このため、金融機関の総資金利ざやが著しく圧縮された。その結果として、金融機関の粗利益が急激に縮小している。

また、これまでの銀行ビジネスは、労働集約的色彩が強かった。しかも、従業員の給与水準が高い。さらに銀行は巨大な店舗を都市部の一等地に保有し、固定費も大きい。この状況下で、金融機関の経営実績が悪化している。スルガ銀行が不動産関連融資事業で、ずさんで無謀な行動を拡大して経営危機に直面しているが、金融機関の経営環境悪化がもたらした、一つの宿命的隘路であるかもしれない。

日本でも、経済取引におけるキャッシュレス化が進行しており、他方で、決済専業の、コンビニエンスストア設置のＡＴＭを主力ツールとする新しい銀行ビジネスが拡大している。インターネットを活用した預金者の金融取引が拡大し、従来の銀行業務が代替され始めている。地方銀行などの既存の銀行業は、重大な局面を迎えつつある。

他方、フィンテックへの関心が高まるなかでの一つの象徴である仮想通貨の利用拡大は、潜在的には重大な意味を帯びる。仮想通貨の創造、すなわち「ＩＣＯ＝イニシャル・コイン・オファリング」と呼ばれる、既存通貨に代わる、新しい通貨の提供行為は、まさに通貨の発行と同類のものである。

通貨発行権は、国家権力の枢要な一部である。「通貨発行大権＝通貨発行益＝シニョリッジ＝seigniorage」と呼ばれてきたものである。その国家大権である通貨発行権を民間事業者や民間個人が収奪、あるいは奪還する動きが、仮想通貨発行という新しい行為なのだ。

ブロックチェーンの技術が通貨発行大権を民間人の領域に波及させる原動力になった。民間主体が発行する通貨を人々が使用するために必要な最低限の条件は、通貨使用の安全性だ。仮想通貨市場において通貨の流出事故が発生しているが、この事故はブロックチェーンの不備によって生じたものではない。あくまでも管理上の過失によって生じたものである。ブロックチェーンの技術そのものは、事故が起こり得ない構造を保持している。

したがって、管理の過ちを回避する体制が確立されるならば、仮想通貨が安全かつ安定的に使用される条件は整うことになる。ここに、ブロックチェーン技術の決定的な重要性がある。この仮想通貨が企業収益上で重大な影響を与えるのは、仮想通貨の利用ではなく、あくまでも仮想通貨の発行である。領主、国王の特権を民間主体が行使し得るのが、仮想通貨の発行行為なのだ。

ＥＶと再生可能エネルギーの不確実な未来

世界の巨大な消費市場における最重要アイテムの一つが自動車だ。この自動車の未来が急激に変化し始めている。最終的には、国家が自動車に関してどのような規制体系を設定するのかが決め手になる。ＥＶ（電気自動車）が急激に脚光を浴びたのは、中国および欧州における自動車規制が、ＥＶを基軸に設定される可能性が高まったと見られたからだ。

しかしながら、自動車本来の性能、走行距離、スピード、そして長距離走行のための燃料補給等の事情に鑑みると、ＥＶが世界のデファクトスタンダードになる保証は現時点では、まだない。スピード、耐久性、バリューフォーマネー、すなわち金銭的な経済効果において、ＥＶが突出して他を凌駕しているわけではない。

各国の自動車市場への規制設定により、今後の優勝劣敗は激変し得る。各国の自動車メーカーは、ＥＶが世界のデファクトスタンダードになることを想定した対応を進めているが、将来見通しはまだ確定されてはいない。仮にＥＶが次世代自動車の中核に位置することになれば、自動車産業をめぐる主力企業の顔ぶれは激変することになるだろう。

地球温暖化仮説には有力な懐疑論が存在する。近年の地球表面温度の上昇が炭酸ガス発生由来なのか、太陽活動変化などの他の要因によるのかについての、学問的な決着はつけられていない。

しかしながら、地球温暖化仮説が政治と産業界の多数派によって支持されているという現実はある。ただし、米国のトランプ大統領は、地球温暖化仮説を前提とするパリ協定の枠組みから離脱した。政治勢力のなかにも懐疑派は厳然と存在する。

世界全体の流れは、地球温暖化仮説を支持する多数派の動向によって、地球温暖化対策事業が、趨勢的に拡大する方向にある。この点に関しても、投資戦略構築の視点からは、その判断が妥当であるのかという吟味とは別に、現実に進行する状況が経済金融に与える影響を考察することが、まずは重要になることを銘記しておかねばならない。

地球温暖化仮説が肯定される流れの下では、エネルギー調達の方法にも大きな変化が生じる。原子力および再生可能エネルギーの利用拡大が想定されることになる。

原子力は旧ソ連（ウクライナ）、米国、日本における過酷重大事故発生により、費用対効果の面で経済性を持たない技術であることがほぼ確認された。それでも原子力産業、関連産業の政治力が極めて大きいため、なお、エネルギー源として活用されている。また、軍事技術と原子力は不可分の関係にあり、軍事上の視点から、第二次大戦戦勝国を中心に、原子力関連ビジネスは存続を余儀なく迫られるだろう。

他方、化石燃料はどうなるか。化石燃料の消費に伴ってCO_2が発生するので、CO_2発生量を抑制するためには、化石燃料消費量を削減する必要がある。その際の代替エネルギー源として脚光を浴びているのが、「再生可能エネルギー」である。風力、水力、太陽光、さらに地熱の活用が検討されている。圧倒的なエネルギー供給源が太陽光であり、太陽光利用エネルギー生産に対するニーズは、趨勢的に拡大の一途をたどっている。

ところが、日本では電力会社が国家と癒着しており、太陽光エネルギーの利用が政治的に妨害されている。太陽光エネルギー発電の送電線利用コストが人為的に高く設定されれば、太陽光発電は損益分岐点を超えることができず衰退する。電力会社と国が、太陽光発電の台頭を妨害するための政策を遂行している面が強い。送電線利用コストが引き上げられる一方で、太陽光電力の買い取り価格が引き下げられている。愚かな政策運営である。

自動車のデファクトスタンダードが何になるのか。そして、再生エネルギーの中核として大いなる期待を持たれている太陽光発電が、今後どのような推移をたどるのか。それは、政府の人為的決定に左右される。賢い政府が存在しなければ不幸な未来が到来し、賢い政府が登場すれば、私たちの未来は明るいものになる。この意味でも、政治の変化が経済に与える影響は限りなく大きい。

13年でガラリと変わった時価総額ランキングから読み解けるもの

２００５年と２０１８年の株価の時価総額ランキングを比較してみれば、経済状況の変化が鮮明に浮かび上がる。

いまからわずか13年前の２００５年には、時価総額トップに君臨していたのは、米国を代表する製造業企業ＧＥ（ゼネラル・エレクトリック）だった。しかしながら、その時価総額は、２０１８年10月段階でトップに躍り出たアップルの約３分の１にすぎない。マイクロソフトだけが、この13年間、ベスト５の地位を維持し続けているが、13年前に時価総額の上位を占有していたのは、石油企業、銀行、製造業、小売業だった。

2005年と2018年の株式時価総額ランキング比較

リーマン・ショック前：2005年末 ＝製造業、資源、金融などリアルエコノミー			リーマン・ショック後：2018年7月末 ＝GAFAが上位独占、ヴァーチャルエコノミー		
1	GE（米）	3,715億ドル	1	**アップル（A）**（米）	9,353億ドル
2	エクソンモービル（米）	3,495億ドル	2	**アマゾン（A）**（米）	8,669億ドル
3	マイクロソフト（米）	2,801億ドル	3	**アルファベット（G）**（米）	8,502億ドル
4	シティグループ（米）	2,535億ドル	4	マイクロソフト（米）	8,150億ドル
5	BP（英）	2,196億ドル	5	**フェイスブック（F）**（英）	4,982億ドル
6	P&G（米）	2,004億ドル	6	バークシャー・ハサウェイ（米）	4,918億ドル
7	ウォルマート（米）	1,981億ドル	7	アリババ（中）	4,815億ドル
8	トヨタ自動車（日）	1,871億ドル	8	テンセント（中）	4,392億ドル
9	バンクオブアメリカ（米）	1,853億ドル	9	JPモルガン・チェース（米）	3,913億ドル
10	HSBC（英）	1,804億ドル	10	ジョンソン＆ジョンソン（米）	3,554億ドル

13年前には、エクソン・モービルとブリティッシュ・ペトロリアムの2社がベストテン入りしている。製造業では、GE以外に、プロクター＆ギャンブル、そしてトヨタ自動車がランク入りしていた。金融機関では、シティグループ、バンクオブアメリカ、HSBCの3社がベストテンに食い込んでいた。製造業、金融、資源が、13年前の世界のトップ企業である。

13年後の2018年、トップに躍り出たのはアップルだ。アップル、アマゾン、アルファベット（＝グーグル）、フェイスブックのGAFA4社がベストファイブにランクインした。残る1社はマイクロソフトだ。株式時価総額上位5社が、インターネットをプラットフォームとして活動する新しいテクノロジー企業である。さらに言えば、7位、8位にランクインしたアリババ、テンセントの中国企業も、上位5社と類似する、中国の新しいハイテクノロジー企業である。

残る3社のなかで唯一、製造業からランクインしているのがジョンソン・エンド・ジョンソンであり、その他2社が、米国ナンバーワン金融機関のJPモルガン・チェースと投資企業バークシャー・ハサウェイである。（参考文献＝双日総合研究所 吉崎達彦氏「溜池通信」）

時代は急激な変化を遂げている。1990年代以降、インターネットを活用する技術が急激な発展を遂げた。インフォメーション・テクノロジー＝ITは、コンピューター技術と通信が融合されたものであり、ITの進化によって、企業のビジネスモデルが根底から変化した。

企業の事務労働がコンピューターによって代替され、これがインターネット上に接合されたことによって企業内事務管理、企業間取引、企業対個人取引が激変した。その延長上に2000年代以降の変化がある。

インターネットが蓄積する個人情報がAI進化によって、あたらしい巨大な経済資源が生み出されるに至った。ビッグデータがビッグビジネスを生み出している。こうした世界の急激なビジネス環境変化に、残念ながら日本は対応し切れていない。日本版のSNSビジネスが、かろうじて国内で利用されているにすぎない。

前述したように、こうした新興企業のなかで新しい方向性を示しているのがアマゾンだ。アマゾンの本質は小売業だが、それをインターネット上でグローバルに展開している点に特徴がある。

小売りであるからには、必然的に物流を伴う。その物流に巨大投資を行い、他の追随を許さぬ、新しいプラットフォームを形成しつつある。後発企業がキャッチアップすることが、極めて困難な状況が生み出されつつある。

他方、製造業においてアップルの事例は鮮烈である。最高の機能、最高のパフォーマンス、最高の芸術性を兼ね備えた製品を開発すれば世界市場を制覇し得る。

しかし、このことはアップルの未来永劫の繁栄を保証するものではない。ナンバーワンの製品がナンバーワンでなくなる瞬間に、企業の衰退は始動する。超短期間で築き上げた株式時価総額は、超短期間に泡のように消え去ることも十分に考えられる。株価ＰＥＲの１００倍超えは、常に十分な警戒を要する数値であることを忘れてはならない。

日本では、２０００年代を通じて急激に人口が減少していく。したがって、国内マーケットのみを対象とするビジネスは確実に縮小する。

ただし、人口の年齢構成高齢化のなかで、高齢者の人口だけは２０４２年までは増加の一途をたどる。したがって、拡大する高齢者をターゲットとするビジネスは、２０４２年までは拡大する点に留意が求められる。

若年人口は激減するが、子ども一人に注がれる費用は拡大している。「一人っ子政策」が見直され、少子化対策が唱えられている中国においても、子ども一人当たりに対する支出額は拡大傾向を示している。そのため、乳幼児向けサービスマーケットの金額規模は拡大推移を示している。

国内市場のみをターゲットにする国内企業の事業環境は厳しさを増す。製販一体でマーケットシェアを伸ばしているユニクロのファーストリテイリングや家具・雑貨のニトリなども、販路を海外に求め始めている。日本を代表するエアコンメーカーであるダイキン工業も、国内市場でのマーケットシェアを維持しつつ、海外市場におけるシェア拡大を課題にしている。

このように、海外市場における事業展開の成否が企業の命運を分けるカギになるだろう。日本企業が生き残るには、世界市場でのマーケットシェアを戦略的に引き上げていくことが必要不可欠になっている。

2　それでも検討すべき株式投資

止まらない労働者の実質賃金大幅減少

２０１２年11月から２０１８年10月まで、日本の株価は８６００円から2万４４００円にまで大幅上昇した。株価だけを見れば完全な右肩上がりである。しかしながら、この間の日本経済全体のパフォーマンスは、極めて低調だった。経済成長率平均値は民主党政権時代の１・７％に及ばぬ１・４％にすぎず、労働者の実質賃金は、民主党政権時代が横ばいであったのに５％も減少した。

アベノミクス第一の矢のインフレ誘導は、労働者の実質賃金を圧縮することを目的とするもので、アベノミクス第三の矢の成長戦略は、大企業利益を極大化するための各種政策の組み合わせにすぎない。

アベノミクス第二の矢の財政出動は看板倒れに終わり、法人税減税と富裕層減税のための消費税増税だけが強行されてきた。

減少し続ける実質賃金

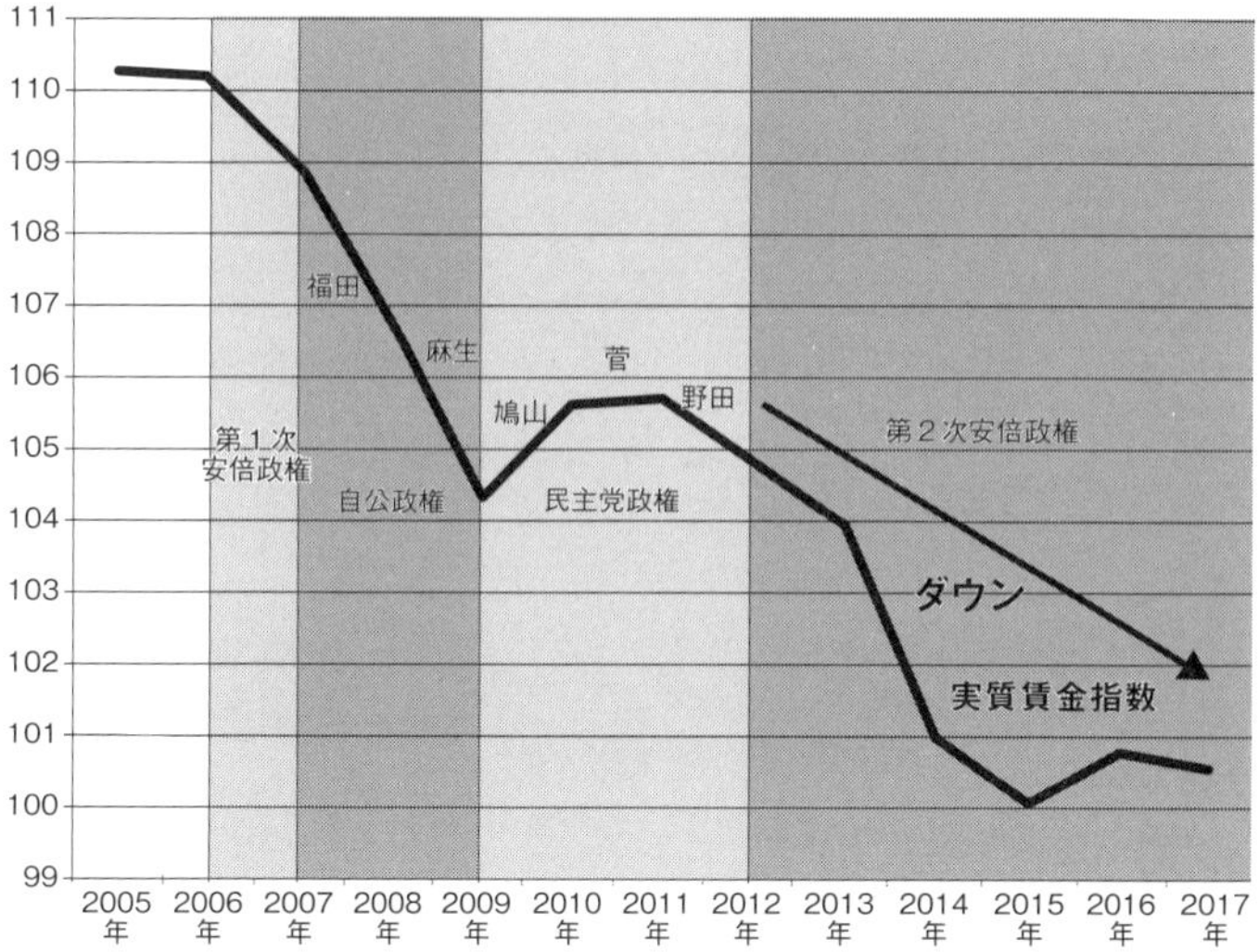

かつて株価は、経済全体の動きを示す鏡の役割を果たしていたが、現在は違う。株価は経済全体の姿を映していない。株価は企業収益を映し出しており、これは労働収益＝賃金を逆さに映し出すものになっている。

経済全体が成長しないのに資本利益が増えたのは、労働の取り分を圧縮したからだ。労働からの搾取によって資本が肥え太ったというのが、安倍政権の下での日本経済の実相だ。

１９９０年代後半からのＩＴ活用により、企業のビジネスモデルが書き換えられ、ホワイトカラー労働者が放逐され、中間所得者層が没落した。その反面、企業の労働コストが圧縮されて企業収益が拡大した。

その結果として株価が急騰し、ニューヨークダウが１万ドルを突破。１９９０年代後半から２０００年にかけて、株式市場でブームが生じた。これが「ＩＴバブル」だった。

労働者においては、人数で五等分した所得階層では、第一階層の高所得者層の所得シェアだけが上昇し、第二階層以下の四つの階層の所得シェアが低落した。中間層が没落し、一握りの超富裕層と圧倒的多数の低所得者層に二分される傾向が強まった。

この急激な格差拡大のなかで、米国の労働者が、その影響をわずかでも緩和させたツールが、株式投資だった。経済活動の果実である国民所得の分配において、労働の分配率が低下した。その結果、企業収益が拡大し株価が上昇する。この分配所得削減の憂き目にあった労働者が自己防衛の手段として活用したのが、株式投資への資金シフトだった。

米国におけるビジネスモデルの転換、ビジネスプロセス・リエンジニアリング＝ＢＰＲは、１９９０年代の米国で一気に広がり、10年遅れで日本に波及した。資本の利益極大化追求、市場原理の徹底。これが、２００１年に発足した小泉内閣の経済政策路線だった。

この基本路線をそのまま継承しているのが、第二次以降の安倍内閣である。安倍内閣は、企業利益の極大化を中心目標に据えて、労働分配率の引き下げに突き進んでいる。その結果、企業利益拡大で株価が上昇する一方で、労働者の実質賃金の大幅減少が続いている。

日本政治を刷新して、経済政策の基本路線を刷新する必要がある。最大の理由は人口減少だ。２０１６年版ＴＲＩレポート『日本経済復活の条件』に、この主張を詳述した。

いま日本に求められる経済政策は、格差拡大推進でなく、格差是正だ。格差拡大が、日本の人口減少の最大背景になっている。正規労働から非正規労働へのシフトが加速し、フルタイムで働いても年収が２００万円に届かぬワーキングプア層の急激な拡大が、確実に出生率低下に繋がっている。

日本の社会保障支出において、突出しているのが医療支出と年金支出だが、両者ともに、支出対象の大半が高齢者である。日本の社会保障の機能別分類において、とりわけ抑制されているのが、家族、教育、失業である。

国家の教育費支出のＧＤＰ比は、ＯＥＣＤ35カ国のなかで日本が最下位である。日本では、子の大学卒業までの教育費家計負担が極めて高い。所得環境が悪化し、雇用の安定性が失われる下で、子育て費用が世界最高水準であれば、結婚・出産が困難になるのは当然だ。

自己防衛策の柱となる資産運用戦略

アベノミクスの経済政策は、目先の企業利益拡大、株価上昇には有効だが、長期の政策としては最悪なのだ。日本社会は確実に活力を失い、さらに、生存さえ困難になる高齢者が大量出現する日が目前に迫っている。目先だけを追求して、国家百年の計を忘れているところにアベノミクスの最大の欠陥がある。この意味で、政治と経済政策基本方針の刷新が最重要の緊急課題である。

2016年7月参議院通常選挙結果

	非改選	今回	新勢力	選挙区	比例	比例得票率	絶対得票率
自民	66	56	122	37	19	35.9	19.6
公明	11	14	25	7	7	13.5	7.4
日本維新	5	7	12	3	4	9.2	5.0
こころ	3	0	3	0	0	1.3	0.7
無所属	2	0	2	0	0	—	—
与党系計	87	77	164	47	30	59.9	32.8
民進	18	32	50	21	11	21.0	11.5
共産	8	6	14	1	5	10.7	5.9
社会	1	1	2	0	1	2.7	1.5
生活	1	2	3	1	1	1.9	1.0
無所属	6	3	9	3	0	—	—
野党系計	34	44	78	26	18	36.4	19.9

しかしながら個人のレベルで政治体制を選択することはできない。選挙を通じて改革を実現しなければならないが、その実現までは、現在の状況を前提とした自己防衛策を講じざるを得ない。

その自己防衛策の一つの柱として位置付けられるのが、資金運用戦略である。余裕資金などを保持しようがない国民が多数発生しているという現実があり、その是正のためにも政治刷新が急がれるが、なけなしの虎の子預金でも、叡智を結集して効率運用を考えなければならないのだ。

経済活動の果実は労働と資本で分け合うことになるが、アベノミクスは労働への分配を抑制して、資本への分配、とりわけ大資本への分配を手厚くする政策体系である。その結果として、大企業の利益が拡大し、これが株価上昇の基本背景になっている。余裕資金を銀行に預けても、金利はほぼゼロだ。

しかしながら資本に対する優遇策が取られている以上、傾向として、企業利益が拡大しやすく、企業利益拡大は、株価上昇につながりやすい。だから、運用可能な資金を、分配が厚くなる資本の側に組み入れることが、労働者としての自己防衛策になる。

ただし、株式投資は特殊な技能を要する投資手法である。やみくもに資金を株式に投入しても、高いリターンを得られるとは限らない。株価は変動するものであり、方法を誤れば、わずかでも高いリターンを得ようとする目的が、無残に引き裂かれてしまう。

現在の経済政策状況の下では、分配政策上、優遇されている資本サイドへの資金投入が有効ではあるが、その平均的な期待値を実現するためには、適正な投資手法を習得することが必要不可欠になる。すぐれた投資極意を確実に習得する必要がある。

3 資産倍増の極意と鉄則

最高の「目利き力」が求められるバフェット流投資術

先述した株価の時価総額ランキングを見ると、2018年のランキング第6位にバークシャー・ハサウェイという企業がランクインしている。バークシャー・ハサウェイは、著名な投資家であるウォーレン・バフェット氏が率いる企業である。

もともと、1950年に創設された綿紡績の企業であったハサウェイが、毛織物企業であるバークシャーと統合し、バークシャー・ハサウェイとなった。ウォーレン・バフェット氏がハサウェイの支配権を握ったのは1962年であり、1970年代の終わりにバークシャーとの統合が実現している。その後、この企業は業様を大きく転換し、1985年に保険会社であるガイコ（GEICO）を組み入れた頃から、製造業ではなく投資会社としての位置付けを鮮明にしてきた。

このバークシャー・ハサウェイは、ウォーレン・バフェット氏の卓越した投資行動により、

49年間の長期にわたり年リターン22・2％という驚異的な運用成績をあげて、現在に至っている。バフェット氏の投資手法は、成長性のある企業を厳選すること、そして、そのピックアップした成長有望企業の株価下落の局面を目掛けて投資を行い、長期保有することである。

銘柄を厳選し、投資のタイミングを厳選し、投資を行ったが最後、基本的には長期保有するのだ。アップル、アマゾン、グーグル、フェイスブックのＧＡＦＡの事例でも明白だが、本当に成長する企業の株価上昇率は驚異的な水準に達する。企業の成長力を読み取る力があれば、投資対象を厳選したうえで、さらに投資のタイミングを厳選し、長期投資を行う。これが、究極の株式投資である。

アップルのケースでは、１９８０年の新規株式公開（ＩＰＯ）時に22ドルで1株を買っていれば、２０１８年9月には当初の1株が株式分割で56株になり、市場価値は1万２７４７ドルになった。１万ドルを投資していれば、持ち株の現在価値は配当を除外して５７９万４０９１ドルになっている。

結果から見れば、これが究極の最強投資であることは間違いない。しかしながら、このような投資を誰でも実現できるわけではない。有望と思われた企業が突然倒産することもある。株式市場は、10年に1度のペースで中規模ないし大規模なバブル崩壊に直面する。長期保有により含み利益が大きく膨らんだ直後に大暴落が生じ、含み益がゼロに帰すことも少なくない。

そのような〝風雪〟に見舞われながら、株価上昇の局面で株式売却の誘惑をはねのけ、株価暴落を耐え忍び、さらに株式を長期間持ち続けるには、強い信念と忍耐力が必要である。しかも、選択した銘柄が長期成長を遂げる保証はどこにも存在しないのだ。

相場には上昇と下落がつきものであるから、上昇の局面で売却し、下落の局面で買い戻すのが得策と考えるのが普通だが、原則としてこの対応を採らない。この手法が大きな果実をもたらす唯一にして最大の条件は、銘柄選択を誤らないことだ。GAFAがまったく注目されていない時点で、GAFAに投資できる「目利き力」があるのかどうかだけが問われることになる。

この手法で特記しておくべきことがある。それは、長期投資に成功する最大の秘訣が、株価暴落の局面で新規投資を開始するということだ。逆に言えば、株価が史上最高値を更新する局面は、長期投資始動にとっては最悪のタイミングであることを忘れてはならない。

「損切り」のシビアな徹底こそが鉄則中の鉄則

筆者が本シリーズで提案する投資スタイルは、上記の長期投資とは異なる。筆者が提示する投資手法は、年リターン8%をコンスタントに維持するというものである。

年リターン8%を9年維持すれば、資産が倍増する「資産倍増戦略」が、本シリーズの提唱である。金利がゼロの時代に8%リターンを確保することは、容易でない。高金利の局面とは時代が違う。ゼロ金利の時代では、通常の金利商品のリターンは、当然ゼロに限りなく近い。

この環境下で年8％リターンを確保するには、エクイティ資産への資金シフトが必要になる。

日経平均株価は１９８９年12月29日に３万８９１５円の高値を記録した。１９９０年代の到来とともに、株価下落が持続し、２００３年４月28日に７６０３円、２００９年３月９日に７０５４円というバブル崩壊後最安値をつけた。この２００３年と２００９年の安値が、いわばダブルボトムになり、２００９年以降、日本株価は上昇トレンドに転換している。

２００９年３月から２０１２年11月までの２年半は、菅直人内閣、野田佳彦内閣の超緊縮財政政策運営によって株価低迷が持続した。主要国の株価が２００９年３月以降、急激に反発したなかで、日本株価だけは２０１２年11月まで長期低迷を続けた。その株価が上昇波動に転換したのが、２０１２年11月だ。その２０１２年11月から丸６年の時間が経過した。

日本の株価水準は、企業の利益水準に照らして考えれば、割安な水準に位置している。この意味で、日本株式に潜在的な株価上昇力は温存されている。ただし、日本は人口減少局面に移行しており。高齢者人口が増加する一方で、生産年齢人口が大幅に減少する。

現在の弱肉強食推進、格差拡大推進の経済政策が維持されるなら、人口減少に歯止めはかからず、むしろ加速することになる。日本経済が縮小すれば、当然のことながら、企業の収益環境も悪化する。そして、グローバルに活動を展開する企業だけが成長を維持し得る。この意味で中長期の日本株式市場展望は、現状では薄暗いと言わざるを得ない。

しかしながら外部環境の変化にも依存するが、目先については株価上昇の余地が残されていると言える。ただし、２０１８年10月に始動した新たな警戒局面には最大の注意が必要である。そこで筆者が提唱する「最強・常勝五カ条の投資極意」を以下に示す。

第一の極意は「損切り」。

損切りを投資極意の第一条に位置付ける。ウォーレン・バフェット流の長期投資では損切りルールを設定しないことになるが、長期投資を成功に導く最大の鉄則は、「暴落時に買う」である。「暴落時に買う」から、損切りが必要ではないことが多いということになる。この鉄則は、第二の極意「逆張り」と通じる部分が大きい。

相場に失敗する人の典型は、休むことをしない人だ。相場には短期、中期、長期のリズムがある。最適の投資タイミングは、短期、中期、長期の下落がすべて重なる時点だ。しかし、このような投資タイミングは10年に一度、さらに言えば、30年、50年、１００年に一度しか生じない。その最安値を待たねばならないということになれば、投資をしないまま人生を終えてしまうことにもなりかねない。

このことも踏まえて、ここでは、年平均リターン最低8％を確保するための〝戦術〟について説明しよう。

第一の極意「損切り」とは、損失が発生する場合に、あらかじめ決めておいたラインで、損切りを断行することである。例外を作らない。例外を作れば例外だらけになることは目に見えている。その損切りルールを、できるだけ厳しく設定する。1％ないし2％という水準を設定するべきだ。

このルールを厳格に適用する限り、必ず損失はそのラインで限定される。当たり前のことだが、何よりも大事なことだ。１％ルールで損切りを確実に実行すれば、損失が１％以上に拡大することはない。２％で設定すれば、損失率の上限は２％に留まる。

損を切っておけば、出直す機会は無限に広がる。しかし、損切りを行わずに10％下落すれば、損切りを行うことが極めて困難になる。そうこうするうちに損失率が20％に達すれば、さらにその段階で損失を確定することが困難になる。挙げ句の果ては、投資資金の大半を失うということになる。

８％のリターンを確実に維持するために、まず必要なことは、損切りだ。

「逆張り」の狙い目は暴落と反転初期の局面

第二の極意は「逆張り」。

厳格な損切りルールを設定して損切りを行う場合でも、失敗を繰り返せば、資産は確実に目減りする。厳しい損切りルールを設定した新規投資を活かすためには、最安値近辺で買い付けを行うことが必要になる。そのための手法が、逆張りである。

相場が高くなれば買う意欲がそそられる。相場が安くなれば、売りたい心理が促される。この市場心理に引きずられて売り買いを行えば、すべてが裏目に出て、損失がかさんでいく。「人の行く裏に道あり花の山」の相場格言が示すように、大きく売られた局面を狙う。逆に、人々が我も我もと殺到する局面では売却を断行するのである。

ただし、大きく売られている局面で買い付けを行う場合、さらに下落することが往々にして生じる。この点を踏まえれば、高いパフォーマンスを上げる買い付け手法は、「逆張りのなかの順張り」ということになる。長期のトレンドで大幅に下落した株価が、底を打つ兆候を示す局面で買い付けを行うのだ。

株価が大幅に下落する局面で、どの水準まで下落するのかをあらかじめ特定することは極めて難しい。したがって下落の途中で買い付けを行う場合、その下落がまだ進行中である可能性が、かなりの確率で残る。そうなると、買い付けをしても、すぐに損切りをしなければならなくなる。このリスクを回避するためには、大幅に下落した相場が底を打つ気配を示した局面を狙うのだ。基本的な発想は逆張りであるが、短期の株価変化では、株価が反転した初期の局面を狙うのだ。

また、現物株式の場合、24時間取引が行われているわけではない。東京市場で株価が暴落し、安値で引けるようなケースで考えると、その後、取引が欧州、米国と回り、海外市場で市場変動の流れが転換するケースが見られる。その場合、翌日の東京市場の寄り付きで、一気に値を戻して相場が始まるようなケースがある。

大幅に下落して出来高が増加し、いわゆる「セリング・クライマックス」と表現できる状況が生じた場合には、東京市場の大引け直前に買い付けを行う。この投資は逆張りの順張りではなく、逆張りの〝陰の極〟を狙う手法である。東京市場で暴落した翌日も、さらに東京市場で大幅に値下がりするケースも稀に存在するから、絶対的基準にはならないが、妙味のある投資手法ではある。

例を挙げよう。２０１６年11月９日、米国の大統領選挙の開票状況が伝わり、東京市場で前日比１０００円の下落を記録した。ＴＲＩ政経塾参加者の一人は、この暴落局面で買い付けを行った。乾坤一擲の大勝負をかけたところ、翌日の東京市場は前日比１０００円高の大暴騰を演じ、瞬時にして巨大なリターンを手にしたという。東京市場での暴落局面では、大引けにかけて大きなチャンスが存在し得ることを頭に刻んでおきたい。

「利食い」の秘訣は小刻みに「足る」を知ること

第三の極意は「利食い」。

ウォーレン・バフェット流の長期投資では、利食いを行わない。損切りもせず、利食いもしないのがバフェット流の長期投資だ。しかしながら、筆者が提唱する年８％リターンの９年継続確保の目標を達成するには、小刻みな利食いが必要不可欠になる。

利食いの目標値をあらかじめ定めておく。利益が蓄積されるまでは利食い目標率を小幅に設定し、3％、5％という低位に置く。そして、株価が上昇した場合には、損切りと同様に、〝例外なく〟利食いを実行する。利食ったあとで、株価がさらに上昇することはあるだろう。しかし、そこに目を奪われない。

損切りと利食いを積み上げて、ある程度のリターンを確保した段階で、初めて利食い目標水準を引き上げることを検討する。チャート分析が重要な意味を持つが、過去の株価変動の波動を考慮し、利食い目標水準を適宜設定する。投資の失敗は多くの場合、「欲深さ」によってもたらされる。「足る」を知ることが「辱め」を受けぬ秘訣なのだ。

高いリターンを誇ったヘッジファンドが、ある日突然破綻することがある。ハイリターンの裏側には、必ずハイリスクが潜んでいる。年8％リターンのコンスタントな確保という目標を達成するためには、厳格なルールでの損切りと、厳格なルールでの利食いの積み重ねを励行することが何よりも重要になる。

「潮流」分析で「遅きに失せぬタイミング」を捉える

第四の極意は「潮流」。

潮流分析が、マクロの投資環境分析の目標である。また、的確な投資環境分析を提供することが、会員制のＴＲＩレポート『金利・為替・株価特報』のメインテーマである。同時に『金利・為替・株価特報』は、毎号参考３銘柄を提示している。

経済、政治、政策、海外市場。これらのすべてを総合的に検討して、金融変動の全体像を描き出す。そのうえで金融変動を予測して、投資戦略を構築する。

本書をはじめとする年次版ＴＲＩレポートで、翌年１年間の政治経済金融変動を展望している。幸い、これまでの市場変動洞察は、極めて良好なパフォーマンスを示してきた（Ｐ２４６参照）。しかし、現実の金融変動の道筋は、事前にただ一通りに定まっているわけではない。

２０１３年版ＴＲＩレポートで、円安進行と株価暴騰を洞察した。２０１４年版ＴＲＩレポートでは、消費税増税による日本経済撃墜を予測して、これが現実のものになった。２０１５年版ＴＲＩレポートでは、消費税増税中止が日本経済底割れを回避する最重要事項になることを明記し、２０１４年末に衆院総選挙が実施される可能性を指摘した。安倍内閣は消費税増税を延期して２０１４年末に衆院総選挙を実施した。

２０１６年版ＴＲＩレポートは、中国経済と中国株価の緩やかな底入れを予測した。圧倒的少数見解だったが、現実はこの予測通りのものになった。２０１７年版ＴＲＩレポートは、米国大統領選後の世界株価上昇とドル上昇を予測した。副題に日経平均株価２万３０００円を明記したが、その通りの現実が生じた。そして、２０１８年版ＴＲＩレポートでは、金融波乱を予測した。

このような大局的な見通しを的中させることは重要だが、前提条件が異なれば、当然結果も異なってくる。投資との関連で言えば、最も重要なことは、遅きに失せぬタイミングで的確な見通しを示すことである。現実の経済金融は〝生き物〟であるから、日々刻々、事態は大きく変化し得る。その変化を踏まえて、「遅きに失せぬタイミング」で的確な情勢判断を提供することが何よりも重要なのだ。

そのための水先案内人の役割を担うのが会員制レポートである。月2回発行のレポートで、日々刻々と変化する情勢をフォローアップして、的確な情勢判断を提供しているのである。

また、本書を含む年次版TRIレポートでは、年間を通じての大局観を提示するとともに、政治経済金融変動の重要事項に関する基礎的情報を提供することに力点を置いている。とりわけ、ここで説明している「投資極意」については、熟読のうえ、完全にマスターして実践していただきたく思っている。

年リターン8％を確保するためには、失敗の連続は許されない。確実に利食いを積み重ねなければ8％リターンは実現しない。そのために、1カ月、3カ月、6カ月という、中期投資環境の的確な予測が極めて重要な意味を持つ。

これが、第四の極意「潮流」分析の意味だ。TRIレポートの最重要の目的は、的確な「潮流」分析情報の提供にある。

「波動」の的確な分析で売買チャンスをキャッチする

第五の極意は「波動」。

波動とは、個別の銘柄、個別の投資対象が持つ相場変動リズムのことだ。相場変動のリズムは銘柄によって異なる。ランダムに変動する銘柄もあれば、右肩上がりの趨勢的な動きを示す銘柄もある。なかには季節的に類似した変動を示す銘柄もある。それぞれの銘柄の相場変動リズムの分析が「波動分析」だ。

波動分析に必須のアイテムが、ネット証券会社が提供する相場分析ツールである。ネット証券会社が提供する投資分析ツールに、波動分析アイテムが数多く含まれている。相場変動リズムの分析に、極めて有用なのが「ＲＳＩ（Relative Strength Index＝相対力指数）」と「ストキャスティックス」だ。株価チャートでは、時間単位にも目配りが必要だ。日足チャート、週足チャート、短いところでは5分足チャート、1時間足チャートを併用する。

それぞれの時間単位での相場変動リズムをＲＳＩ、ストキャスティックスによって判定して、投資タイミング選定に役立てる。「逆張りのなかの順張り」投資は、こうした分析ツールを利用することで、的確性を大幅に引き上げることができる。

過去の変動パターンがそのまま未来に当てはまる保証はないが、確率的に類似する可能性は高いと判断できる。「買い」は可能な限り「売られすぎ」の局面で行い、「売り」は可能な限り「買われすぎ」の局面で実行する。当たり前のことだが、ルールの設定と分析ツールの活用なくしては非常に困難な作業である。

これらを着実に実行するうえでＡＩの活用は検討に値するし、現に多くの試みが実行されている。ただし、第四の「潮流分析」の部分が一番難しい。「潮流」を的確に予測できるＡＩは、まだ開発されていないと言える。

個人投資家が年間８％のリターンをコンスタントに確保することは、容易なことではない。しかしながら、前記の投資極意をマスターして厳格な執行を行えば、巨大損失を確実に回避するとともに、８％リターンの確保が可能になるだろう。

労働者が虐げられる時代である。市民が自己防衛を実現するには、知的武装によって、大資本への利益傾斜に、積極的に関与することが必要不可欠であると思われる。

4　分散投資と先物取引、仮想通貨の可能性

資産倍増に効率的な「分散投資」の方程式

先に最強・常勝「第四の極意」として「潮流」を挙げた。マクロ経済環境、経済政策、政治情勢、海外動向を総合的に分析して金融市場変動の中期展望を洞察する。その中期予測に基づいて最適な資産配分を行う。この基本的戦術を記述した。

しかしながら、予測が現実と齟齬をきたす場合があることは否定し切れない。現実の経済、社会、政治情勢において〝一寸先は闇〟である。突然の変動が新たな変動を引き起こす「ドミノ現象」が生じることも少なくない。いかなる変化が生じた場合にも、その影響を可能な限り軽微に抑制することが資産防衛上、極めて重要である。

この観点から、資産を分散して投資することが検討される。卵10個をA地点からB地点に運ぶのに、一つの籠にすべてを入れて運べば、アクシデントが生じた場合には、卵が全滅になる。三つの籠に分けて運べば、一つの籠が壊滅的打撃を受けても、残余の二つの籠を温存すること

ができる。三つの籠が同時に全滅される確率は、一つの籠が全滅される確率よりは低い。リスクを分散して、資産を分割して運用する考え方が存在する。

資金運用の対象は、キャッシュを除けば、株式等のエクイティ資産と、債券を軸とするフィクストインカム資産に分類することができる。さらに、円建て資産と外貨建て資産という区分が生じる。さらに、リアルな実物資産として「金《ゴールド》」を中心とする貴金属と不動産を挙げることができる。これらに資産を分割しておけば、あらゆる経済変動に対応し得る。

しかし、ドルが上昇する局面では円は安く、債券価格が上昇する局面では利益に連動する株価は下落することも多い。ある金融変動の下で、それぞれの資産価格が逆の方向に動くことで、資産が大きく毀損することは避けられるが、これは逆に言えば、いかなる変動下においても、トータルのリターンはなかなか高まらないということでもある。

したがって、単純な資産分割、分散投資だけでは高いリターンを獲得することが難しい。重要なことは、資産分散の比率を金融変動予測に応じて切り替えることである。

2014年10月31日に日本政府は、GPIF=年金積立金管理運用独立行政法人の資産配分比率の大幅変更を行った。しかし、大きな金融変動は2012年11月14日のことだ。ドル円レートは1ドル78円から、1ドル100円を突破する水準にまでドル高が進行。株価は8600円水準から1万5600円水準へ急騰した。その後も趨勢として、ドル高地合い、株価上昇地合いが残存した。

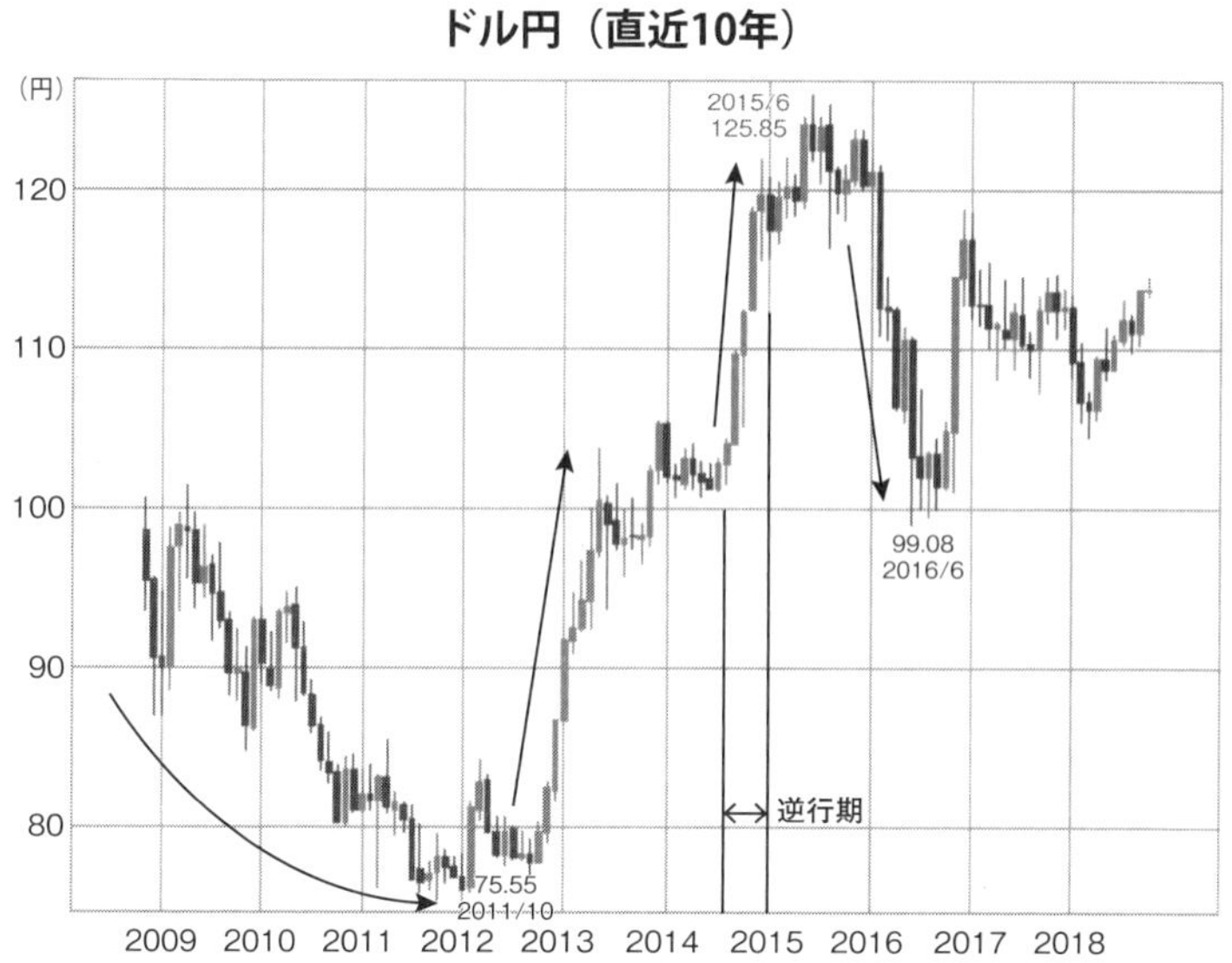

これを見る限り、資産配分比率の抜本変更は2012年11月の時点で行うべきだった。この時点で株式資産、外貨資産の運用比率を大幅に引き上げたなら、極めて高いリターンを確保したはずだ。

ところが、政府が資産配分比率を変更したのは2014年10月末だ。ドルが暴騰した後でドル資産の比率を高め、株価が暴騰した後で株式運用比率を大幅に高めた。まさに、典型的な失敗事例なのである。現に、2016年2月から6月にかけてドルが下落し、株価も急落してGPIFは巨大損失を計上した。

この失敗から私たちは学ばねばならない。また、このGPIFが巨大な運用手数料を業者に支払うことは、許容されるべきでもない。

資産を分散投資して、投資パフォーマンスを上げるには、経済金融変動の中期波動の分析を踏まえ、シナリオに則って資金配分比率を変更することが必要だ。

他方、金投資については、長期的なインフレヘッジ資産として、資産の一定比率を金保有とすることに合理性がある。しかしながら、金価格変動は基本的に米国長期金利と逆相関関係を有しているので、効率運用の視点からは、やはり、マクロ投資環境分析を踏まえた中期投資を積み重ねることがハイリターンを得るために必要になる。

この意味でも、五つの極意のなかの、第四の極意＝「潮流」分析の重要性が極めて高いということになる。

リスクを十分に踏まえて習熟したい「先物取引」テクニック

年率8％リターンを確保することを目標に据えるが、現物の株式投資において高いリターンを確保することは、決して容易ではない。それでも、経済情勢に加えて、個別企業の経営状況および業績、さらに財務内容、そして企業が属する業態の経済全体のなかでの変化を総合的に分析して、株式等での投資を成功させることには、大きな醍醐味がある。

知的思考の結晶として銘柄選択、投資タイミングの選定が行われて、はじめて投資が成功に導かれる。株式投資は資金運用のリターンを求める行為であると同時に、高度に知的な営みでもある。この意味では、退職世代の個人投資家が知的営みと実益追求とを兼ねて、株式投資に知的関心を振り向けることは、極めて意義深い。頭脳を活性化させることも間違いない。

ただし、繰り返しにはなるが、現物株投資において高いリターンを求めることは容易ではない。その理由は、現物株投資では、レバレッジが利きにくいからである。これに対し、株価指数先物取引などにおいては、投資元本に対し、極めて巨額の取引を行うことが可能になる。その結果として小額の投資でも、瞬時に、極めて高いリターンを確保することが可能になる。

断っておくが、このことは同時に、瞬時に投資元本の大半を喪失するリスクと背中合わせである。この点を見落とせば悲劇が待ち構える。このリスクを十分に踏まえるなら、投資パフォーマンスを上げるために先物取引を活用することも是認される。

日経平均株価などの株価指数先物取引を行う場合、二つの基本手法があると考えておくべきだ。第一の手法は、「短期のサヤ取り取引」である。１日のうちに、必ず価格変動がある。この価格変動の一部を切り取り、利益を積み上げるのである。

この取引においても、最も重要な手法は、第一の極意＝損切りだ。「買い」あるいは「売り」を行う場合、あらかじめ一定の値幅の下落が生じた際に損切りを執行する、反対売買の予約を注文しておくことが絶対に必要である。これは「逆指値《ぎゃくさしね》」での注文になる。

日経平均株価を２万４５００円で買ったとしよう。２万４４５０円以下に値下がりする場合には、その瞬間に損切りを執行する。２万４４５０円に逆指値をして、この水準を株価が下回った場合には、成行《なりゆき》で株式指数先物を売却する。

日経先物ミニにおいては、1単位の株式指数先物売買の建玉は245万円だ。2万4500円の株価が2万4450円になれば、この値幅で5000円の損失が生じる。日経平均株価が500円変動すれば、日経先物ミニ1枚の取引で5万円の損益が発生する。10枚で50万円、100枚では500万円の損益が発生するから、強度のハイリスク・ハイリターン取引になる。

中途半端な心構えで、安易に先物取引に手を出すべきではない。投資手法の第一は日中変動のうちの一部を切り取り、小刻みに利益を捻出する手法である。当然のことながら、株式取引サイトのモニターに張り付いていなければならない。

第二の手法は株価変動の大きな流れを捉える手法だ。2018年1月末のようにニューヨークダウが急激な上昇を示し、最高値を形成するような局面で、株価の反落を予想して取引を始動させるものだ。極めて妙味は大きいが、取引始動のタイミング選定が極めて難しい。

ここでも活用するべき手法は、第二の極意で説明した「逆張りのなかの順張り」手法だ。ネット証券会社が提供するRSI、ストキャスティックスをフル活用して投資タイミングを選定する。もちろん、損切りのための逆指値注文を行うことは必須である。

株式指数先物取引と併せて検討の対象になるのが、債券先物取引の活用だ。投資元本に対し、利益変動が大きくなる投資方法である点は、金先物取引、為替先物取引も同一である。しかしながら、金も為替も株価も債券も、相場変動の中間地点で売り買いを始動させると、利益を確保しにくい。第一の手法である「短期のサヤ取り取引」では一つの選択肢になるが、プラスのリターンをコンスタントに得ることは非常に困難になる。

これらの投資によって高いリターンを得るための基本手法は、第四の極意＝「潮流」分析を踏まえて、相場が振れ切ったタイミングを狙うものだ。試行錯誤を繰り返して、この手法でプラスリターンを確保する手法を身に付ける鍛錬が求められる。

現状は投機市場だが発展可能性が大きい「仮想通貨」市場

最後に、近年、脚光を浴びている仮想通貨について言及する。仮想通貨を注目すべき最大の理由は、仮想通貨が領主権、王権、国家主権の一部を民間主体が奪取する側面にある。仮想通貨の発行者、すなわちＩＣＯ＝イニシャル・コイン・オファリングを行う者は、シニョリッジ＝通貨発行大権＝通貨発行益を手にすることになる。このこと自体が革命的なのだ。

通貨発行者は、通貨を発行する際に、これと引き換えに資産を手にする。通貨発行者は、無から巨大な利益を獲得するのだ。この通貨発行権は、国家主権の根幹である。通貨発行権を政府が有するのか、それとも中央銀行が有するのかが、そもそもの大問題である。そして、その中央銀行が国家機関であるのか、それとも民間機関であるべきなのかも、論争の対象である。

仮想通貨発行は、この通貨発行大権を民間企業、あるいは民間人が獲得するものである点で、革命に近いインパクトを有する。この真実が存在するために、逆にこの点を強調する主張が隠されている感が強い。

通貨が流通するためには、安全性が保証されていなければならない。その安全性を保証するものとして、ブロックチェーンという技術が確立された。このことによって、民間発行の通貨が一般市民の使用に耐え得るものになった。

しかしながら現状においては、仮想通貨は貨幣としての機能を満たしていない。貨幣として最重要の機能は価値の安定である。決済機能があっても、価値が過度に変動するのでは、通貨としての流通は拡大しない。逆に現状では、価値の不安定性が仮想通貨流行の最大の要因になっている。つまり、投機の対象として仮想通貨が利用されているのである。

価格変動が大きいことは、損失を被るリスクの裏側にある巨大な利益機会の提供を意味しており、この巨大な価格変動が一般個人に、スペキュレーション＝投機の機会を提供している。現状において、仮想通貨が保有される最大の誘引はスペキュレーション＝投機である。ＩＲ（カジノを含む統合リゾート）について賛否両論あるが、日本には、ＩＲ以外にも、株式先物取引、為替先物取引、金先物取引、債券先物取引、そして仮想通貨市場など、極めて投機性の高い市場が数多く存在している。これらの市場取引についても、十分な監視、あるいは規制が必要である。

繰り返しになるが、仮想通貨登場の最大のインパクトは、通貨発行大権の民間開放にある。仮想通貨を発行する発行体に、仮想通貨の発行代わりにカネが転がり込む。これが、通貨発行益である。

実際にＩＣＯを実行した企業トップが、「働いている場合ではない」との名言を発した。それほど驚天動地の出来事なのだ。この認識が一般に広がるのを阻止するためだと考えられるが、この最重要の本質が、ほとんど認識されていないように見える。

ＩＣＯは文字通り「濡れ手に粟」をもたらす革命的大権であり、目ざとい個人と事業者だけが、全世界でＩＣＯ発行に動いている。仮装通貨発行者サイドと、投機を目的に市場に参入している投資家サイドとの間には壮絶な隔絶がある。仮想通貨のユーザーは、当面は、投機市場が創設されたものと割り切って対応することが必要である。

将来的には通貨価値が安定し、低廉なコストで資金決済を行えるツールとして仮想通貨市場が拡大する余地がある。その本格的登場は、既存の金融システムを大きく変革させるものになる潜在力を秘めている。

本シリーズ2018年版
『あなたの資産が倍になる』
収録注目銘柄の株価上昇率（%）

（日付は月／日／年）

テーマ	銘柄コード	銘　柄	掲載時株価	掲載後高値	高値日付	上昇率
素材・新興国株	5411	JFE	2,313.0	2,887.0	2018/1/9	24.8
	5711	三菱マテリアル	4,100	4,605	2017/11/8	12.3
	6367	ダイキン工	11,955	15,670	2018/9/19	31.1
優良株	6752	パナソニック	1,637	1,800	2017/11/9	10.0
	7267	ホンダ	3,428	4,151	2018/1/10	21.1
フィンテック・金融株	8306	三菱UFJ	727.8	894.4	2018/1/16	22.9
	8591	オリックス	1,914.5	2,216.5	2018/1/24	15.8
	8750	第一生命HD	2,094.5	2,514.5	2018/1/22	20.1
ビジネスモデル優良株	9843	ニトリHD	16,860	19,850	2018/6/19	17.7
	9983	ファーストリテ	36,520	59,960	2018/10/10	64.2
ビッグデータ・システム株	4307	NRI	4,365	5,950	2018/9/27	36.3
	4768	大塚商会	3,670	5,450	2018/3/30	48.5
省力化・産業用自動機械株	6273	SMC	40,700	55,830	2018/1/18	37.2
	6324	ハーモニックドライブ	5,540	8,350	2018/1/17	50.7
	6954	ファナック	25,000	33,450	2018/1/16	33.8

注目すべき株式銘柄〈2019〉

■4543 テルモ　6,080円

医療機器大手。カテーテルなど心臓血管領域に強み。米国・中国などで生産拡大。シリンジや輸液システムなどが好調だが、カテーテル公定価改定と出荷の遅延が打撃。営業益が横ばいに下方修正。押し目を慎重に狙う。

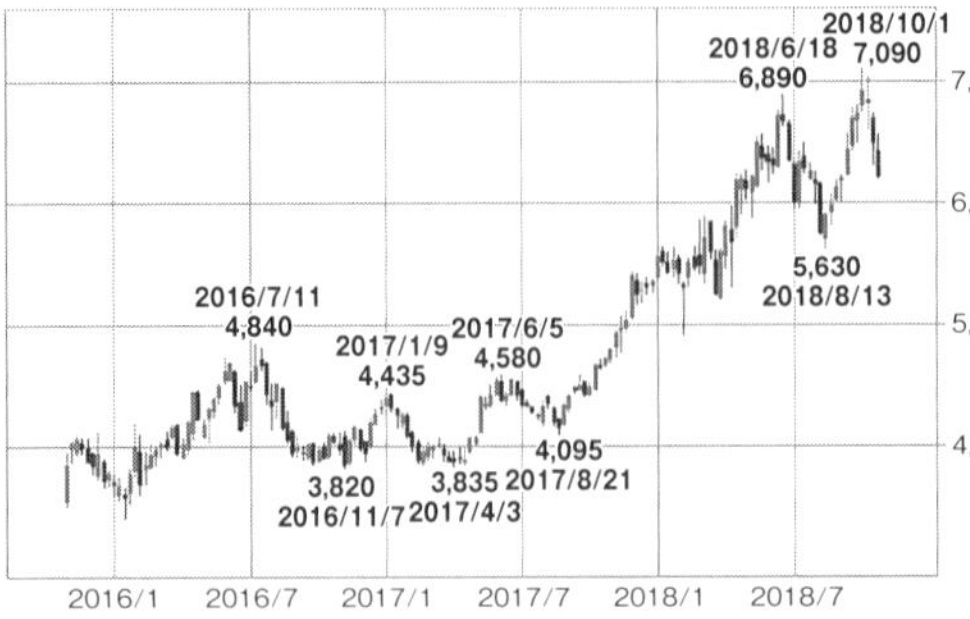

高齢化

■4528 小野薬品工業　2,535.0円

医療用医薬品専業の中堅。自社開発品が多数。がん免疫薬「オプジーボ」でがん領域に参入。柱の「オプジーボ」が胃がんなど効能追加を追い風に旺盛な需要で数量が急伸。薬価大幅低下をはね返す。ノーベル賞効果剥落の押し目狙う。

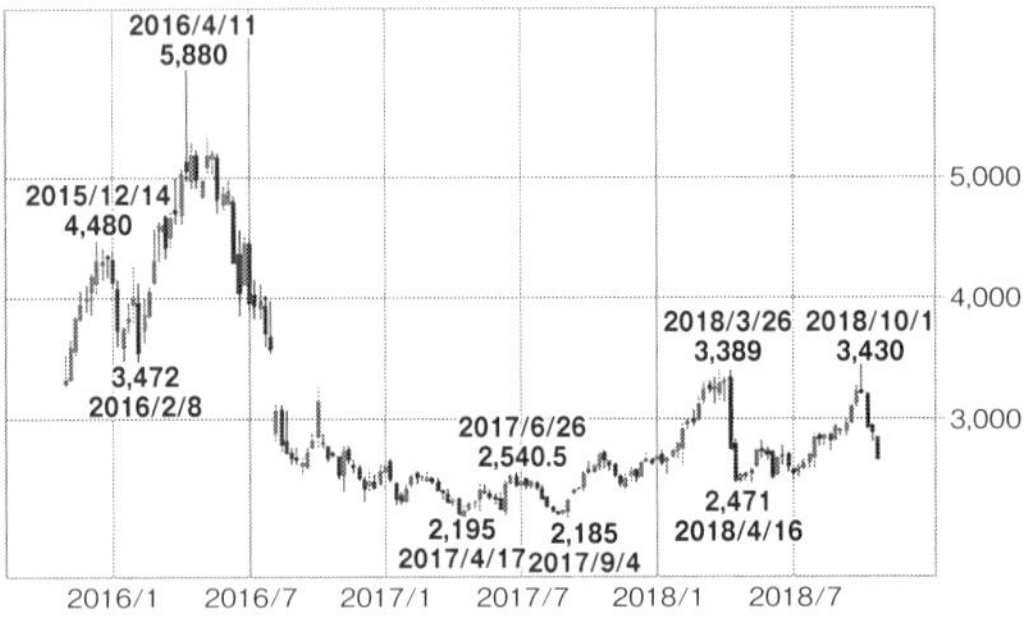

■7956 ピジョン　4,820円

育児用品で国内トップ。キャップ式広口哺乳瓶発祥、小物に強い。海外では中国や欧米主体に展開。保育園事業も手がける。育児用品はインドネシア持ち分の子会社化フル寄与。中国でEC伸長。中国経済悪化が悪材料。慎重に押し目狙い。

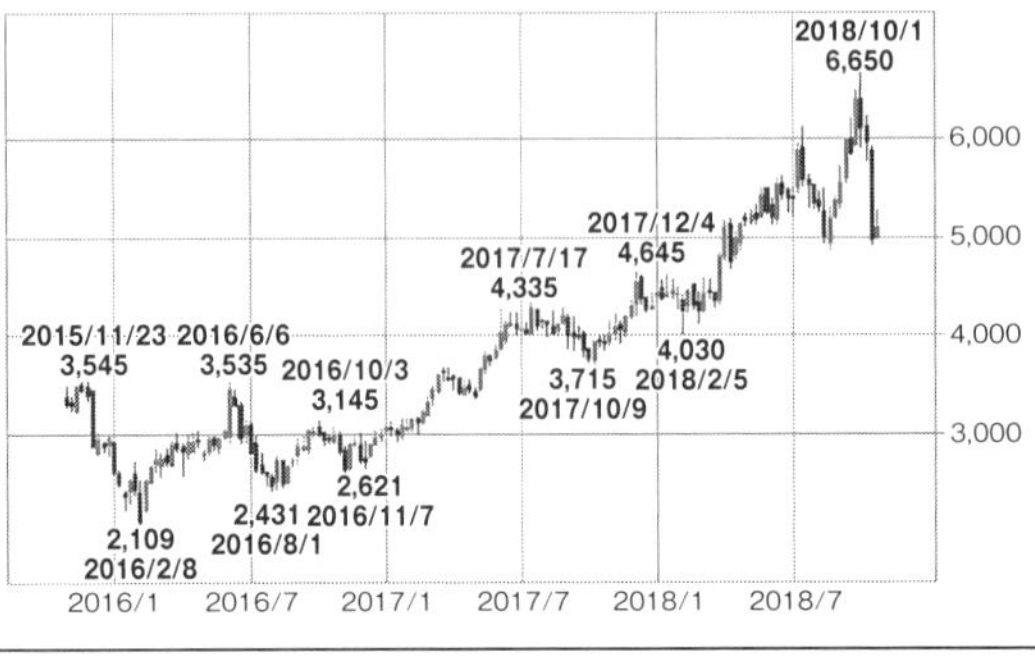

グローバル化

グローバル化

■8113 ユニチャーム 3,005.0円

生理用品、乳幼児・大人用紙おむつトップ。ペットケア用品も首位級。中国軸のアジア展開に強み。国内は中・軽度用尿漏れ製品が好調。原材料価格上昇吸収し増益幅拡大。中国経済悪化警戒背景の株価調整局面。押し目を狙う。

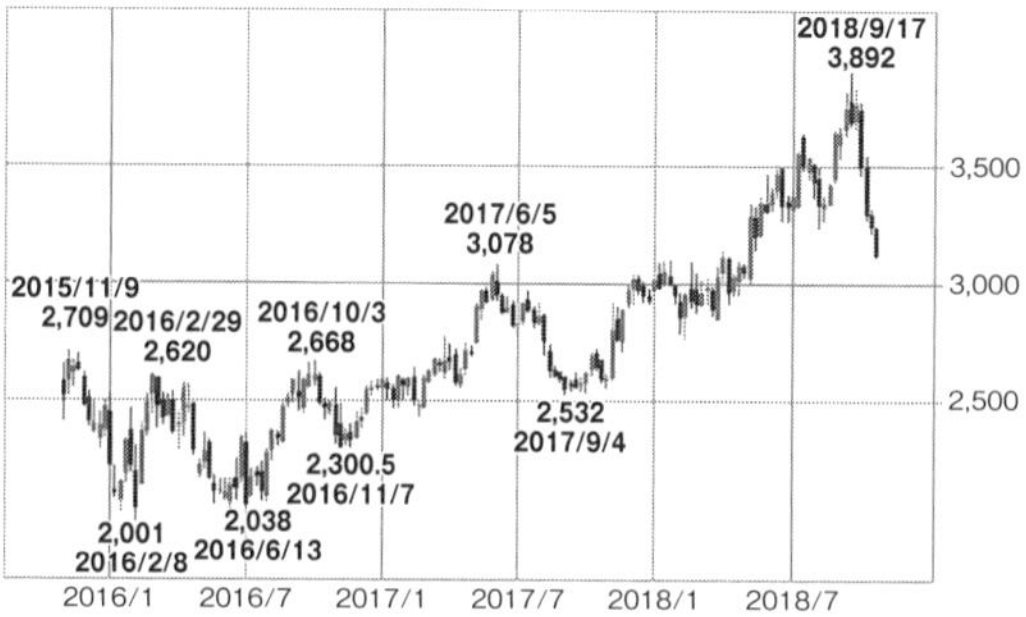

■8591 オリックス 1,710.5円

総合リース国内首位。事業多角化、海外展開は業界で突出。メガソーラーや空港運営収入積み上げ。海外は航空機、船舶好調、米国での買収案件も貢献し、連続最高純益。外国人持ち株比率55%の実質外資企業。

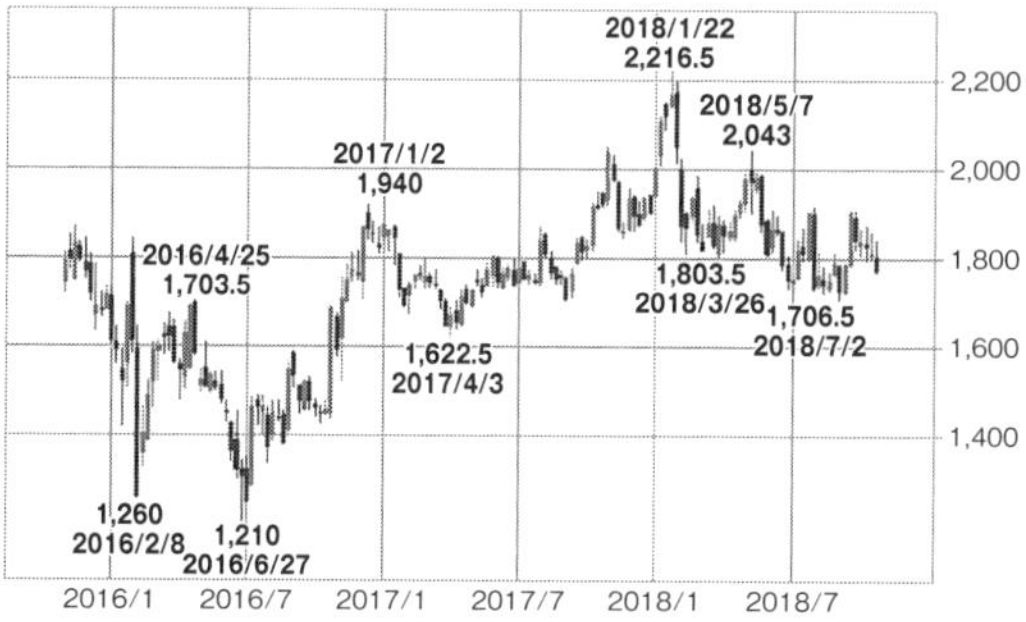

成長戦略

■2181 パーソルHD 2,145円

業界2位人材総合サービス。派遣・請負、Web媒体等の人材紹介を展開する。M&Aやアジアで積極的。買収した豪州人材サービスがフル寄与。収益柱の派遣・請負は需給逼迫を背景に事務職、営業職等引き合い強い。

■9143 SGホールディングス 2,722円

宅配便2位。国内シェア約31%。中核の佐川急便は企業間物流強化を狙い、日立物流と資本提携。EC業界によるロジスティックス革命が進行中。単価10%強上昇想定だが想定超の進捗。物流業界全体の動向に要注目。

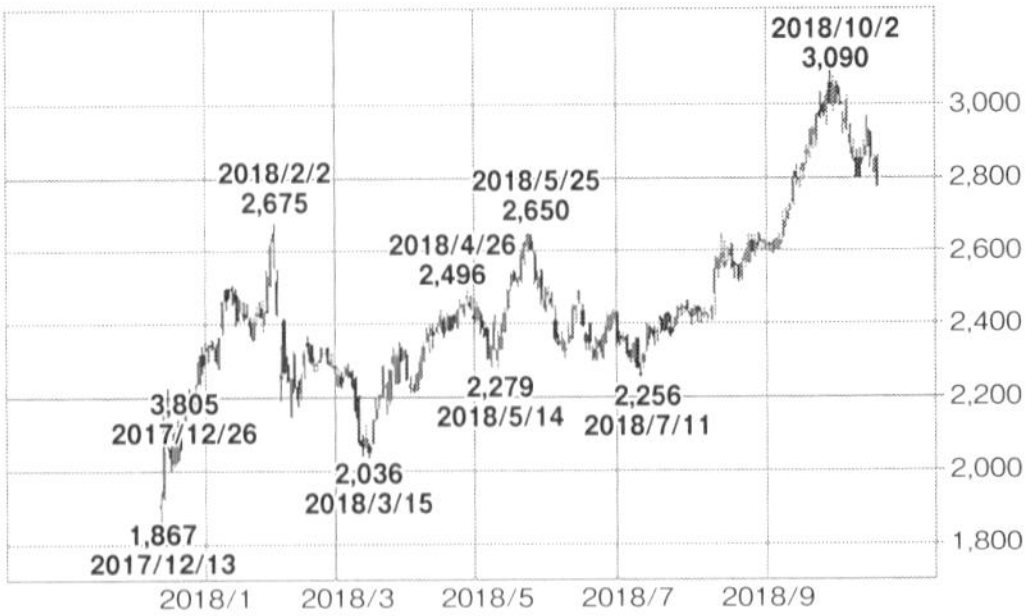

■2384 SBSHD 1,433円

3PL（物流一括受託）大手。食品輸送国内屈指。物流施設等を賃貸、売却する不動産事業も展開。物流施設等の賃貸・売却の不動産事業も。リコー物流子会社を連結子会社化。3PLとEC向け宅配伸長。営業増益。

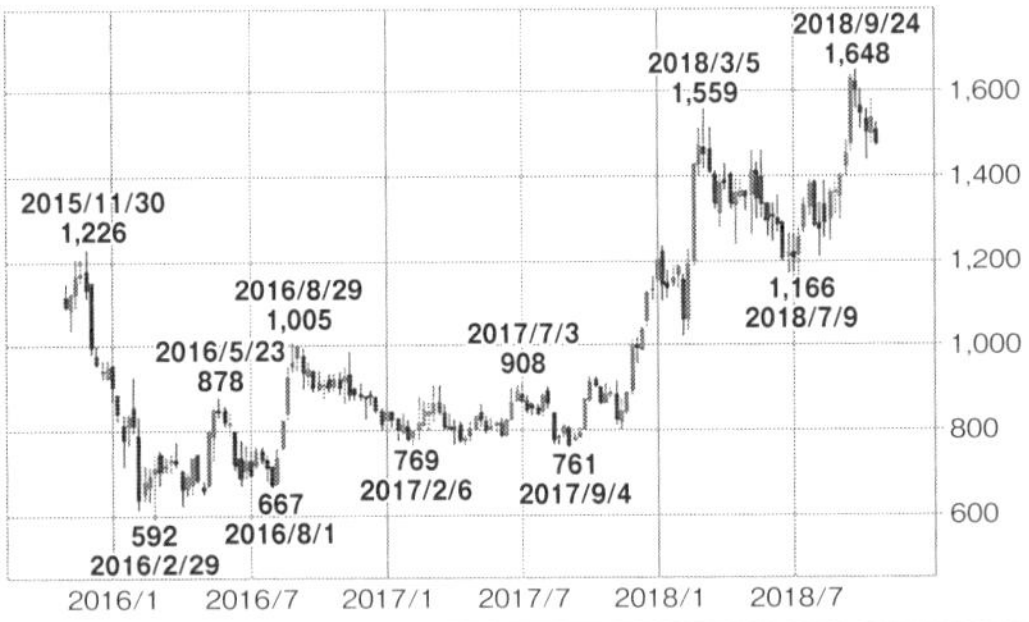

■1926 ライト工 1,508円

東北発祥。基礎・地盤改良・法面など特殊土木会社。耐震補強に注力。好財務体質。西日本豪雨に伴う斜面工事の需要が急増。本復旧段階で引き合いが一層増加する可能性。関越道補強工事を受注。労務・資材費高こなす。

原油価格

■1605 国際帝石　1,318.5円

原油・ガス開発生産の国内最大手。政府が黄金株保有。総投資額400億ドルのイクシス生産開始。原油高による油価上昇、円安が会社想定上回り、増益幅が拡大。エクアドル鉱区返還で受取補償金。原油価格推移がカギ。

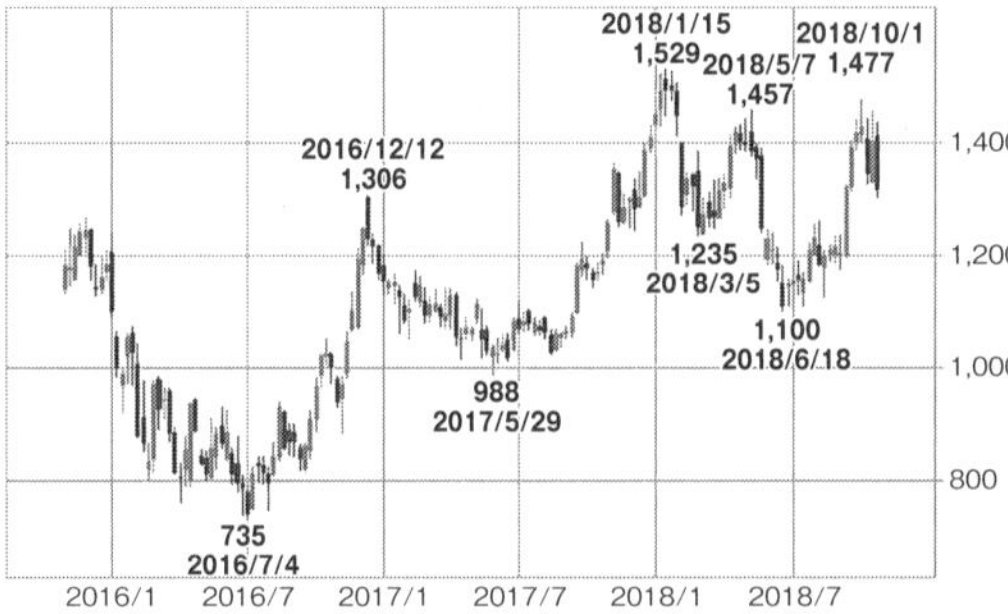

不況・内食化

■2871 ニチレイ　2,709円

冷蔵倉庫と冷凍食品（ブランド別）で首位。低温物流は海外展開積極的。水産、畜産も手掛ける。新ライン稼働の家庭用が数量好伸。安定供給により採算向上。低温物流は償却費増をこなす。内食化傾向強まりが追い風。

円高

■9843 ニトリHD　14,085円

全国トップの家具・インテリア製造小売りチェーン。開発輸入品が8割。海外に自社工場。中国での積極出店続く。国内は機能性寝具やマットレス好調、既存店の客数・客単価とも増勢続き営業益続伸で連続最高益。為替円高のメリット大。

■3808 C－OK

2,861円

フィンテック

利用者間で質問・回答のQ&Aサイト運営。企業向けサービスも。好採算案件獲得のブロックチェーン開発受託需要豊富。他社からの開発受託でノウハウ蓄積。ハードウェアウォレット製品提供開始。値動き荒く慎重に。

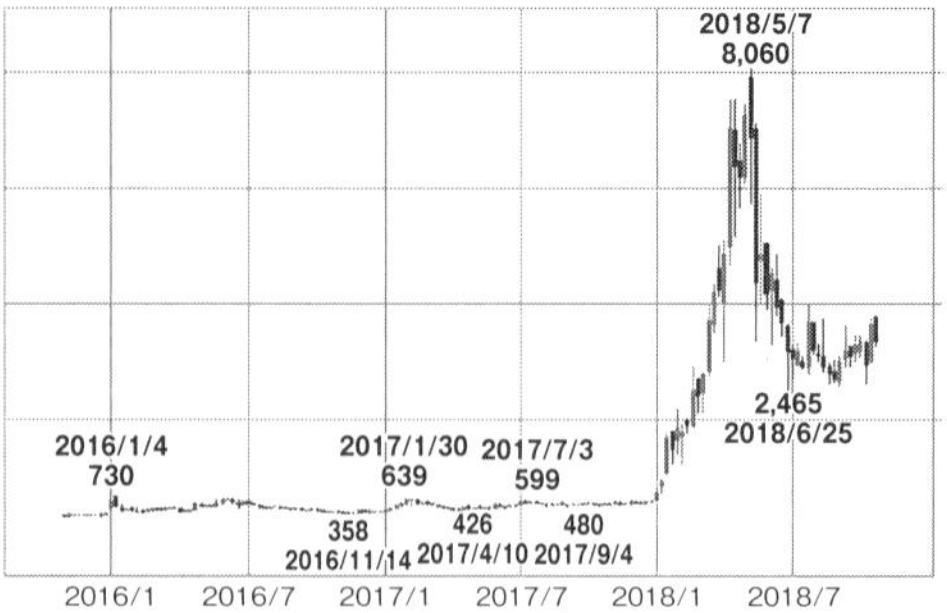

■9167 ゲンキードラッグ

3,590円

ローカル経済

福井地盤のドラッグストア。17年12月持ち株会社体制。岐阜や愛知、石川にも展開。食品比率高い。既存店が全店改装完了した生鮮食品中心に好調、採算良好の化粧品、医薬品、PBも伸長。株価調整局面を狙う。

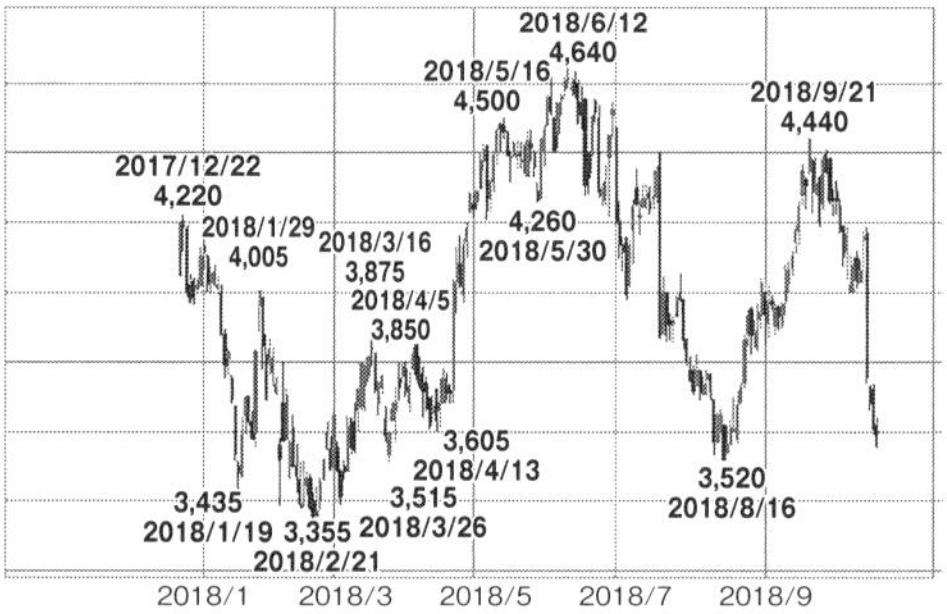

■3547 串カツ田中

3,000円

全面禁煙

『串カツ田中』の単一ブランドで関東圏中心に直営とFCで展開。長期で1000店体制目標。18年6月から全面禁煙実施で家族客中心に客数増加傾向。既存店堅調。人件費や出店負担増こなす。東京五輪に向け先がけ戦術。

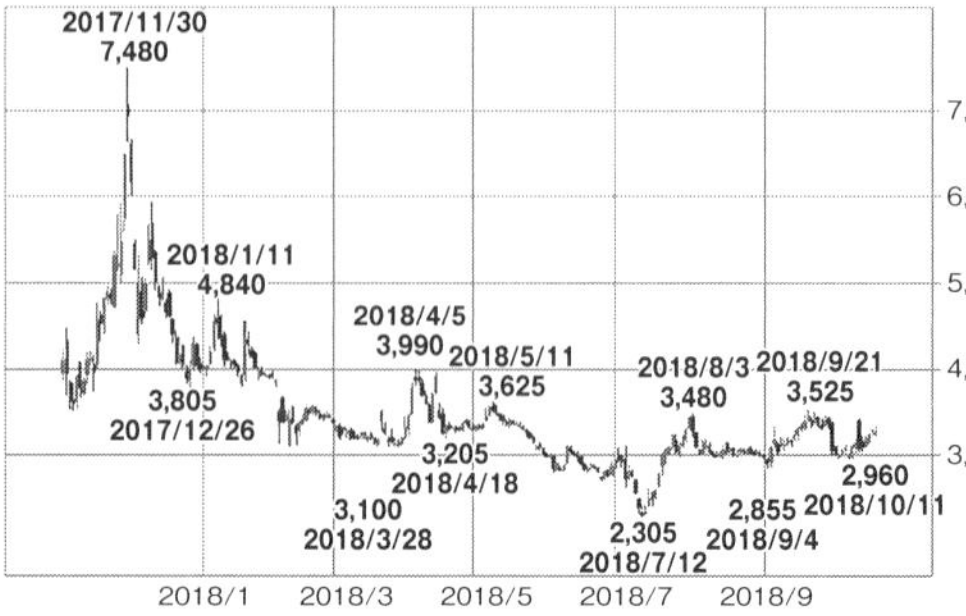

[会員制　ＴＲＩレポート]
正式名称『金利・為替・株価特報』
毎月２回発行　毎号A4判18〜21ページ
クロネコヤマトメール便による個別送付
株式投資参考銘柄を毎号３銘柄掲載
詳しくはスリーネーションズリサーチ社ＨＰをご参照ください。
URL : http://www.uekusa-tri.co.jp/report/index.html

長期上相場終局＝波乱局面への移行可能性禁複写
金利・為替・株価特報（2018年10月15日号）３１０

スリーネーションズリサーチ
代表
植草一秀

＜目次＞
１．【概観】サブプライム危機前夜に類似する株価推移
２．【米国】トランプ大統領が欠く「止足の計」
３．【株価】［１＋３］株価変動要因の逆流
４．【中国】上海総合指数の節目割れ
５．【日本】緊縮財政と日本経済
６．【金利】金融引締めと景気後退
７．【為替】米国ピークアウトと欧州の不安
８．【資源・新興国】新興国と原油価格の離反
９．【投資戦略】株価下落でリターンを引き上げる方法

今後の発行予定日は、１０月２９日、１１月１２日、１１月２６日、１２月１７日、１２月３１日、１月１５日、１月２８日、２月１２日、２月２５日、３月１１日、３月２５日、４月１５日、４月３０日、５月１３日になります。

発行予定日はレポート最速到着日の目安で、運送会社の状況等により配送が１～５日程度遅れる場合がありますのであらかじめご了承ください。

２０１８年度のＴＲＩ政経塾１２月１１日開催、２０１９年３月１２日開催講義資料および講義録音データ送付による「在宅受講コース」につきましては、各回１回分１万５０００円にて受講を受け付けます。受講希望の方はメール info@uekusa-tri.co.jp または ＦＡＸ０２０－４６２３－８８９７ までお申し込み下さい。政経塾では、各回、厳選参考８銘柄を提示しております。有効にご活用ください。

２０１９年度ＴＲＩ政経塾の募集を開始いたしました。Ａ日程、Ｂ日程とも、定員２１名です。Ａ日程が６月２４日(月)、９月９日(月)、１２月１６日(月)、３月１６日(月)、Ｂ日程が６月２５日(火)、９月１０日(火)、１２月１７日(火)、３月１７日（火）になります。開催時間は午後６時００分～午後９時００分、

⋮

あとがき

２０１８年10月の上海総合指数は、２００８年10月のリーマンショック後、最安値の１・５倍の水準に位置している。日米独の株価が２００９年3月のリーマンショック後株価最安値の3～4倍の水準に位置していることと比較して、中国株価の相対的低さが際立っている。しかも、この間の実質経済成長率が圧倒的に高かったのは中国なのである。

投資の本当の極意は、徹底的な「逆張り」である。「人の行く裏に道あり花の山」の言葉が示す、冷静な視点と行動が大きな果実をもたらすのである。米国株式市場のヒーローに躍り出たGAFAの各銘柄を、新規公開の時点で購入していればという「捕らぬ狸の皮算用」に関心が向かってしまいがちだが、過去の事実を未来の行動に活かすことこそ建設的な対応である。今後の中国株価安値への注視を怠れない。

株価が急落し始めると株式投資から遠ざかってしまう人が多いが、本来とられるべき行動の逆である。日本の株価は２００３年と２００９年に安値を記録して以降、大きなトレンドとしては上昇波動に転換している。その上昇トレンドのなかでの急落局面は、むしろ「宝の発掘機会」を提供するものである。

株価の大規模調整が発生する場合には、調整機関が2年程度に長引くことがあるから、拙速な対応は慎まなければならないが、下落のなかにこそチャンスがあることをしっかりと認識しておくことが大切である。

　そして、本書に明記したように「損失を引きずらないこと」が何よりも肝要だ。損失を引きずることが、チャンスに対する機動力を封殺してしまう。にっちもさっちもいかない状況では、チャンスに対する前向きの行動をとれなくなってしまうからだ。

　２０１９年には、極めて重大な変化が政治経済金融の各側面で生じることになるだろう。この変動期を見事に乗り切るための指南書として、本書を活用いただければ幸甚である。

　本書執筆にあたりビジネス社編集部の大森勇輝氏のご支援、ご尽力を賜った。期して感謝の意を表したい。

２０１８年11月

植草一秀

著者略歴
堀茂一兆（ほりもと かずひで）

...

日本を直撃する「複合崩壊」の正体

2018年12月1日 第1刷発行

著者　堀茂一兆
発行者　許斐　琳
発行所　株式会社ビジネス社

〒162-0805 東京都新宿区矢来町114番地 神楽坂高橋ビル5階
電話 03-5227-1602　FAX 03-5227-1603
http://www.business-sha.co.jp

印刷・製本／大日本印刷　カバーデザイン／落合雅之
本文組版／茂呂田剛（エムアンドケイ）
編集協力／大部裕樹　営業担当／山口健志

©Kazuhide Orikasa 2018 Printed in Japan
乱丁・落丁本はお取り替えいたします。

ISBN978-4-8284-2050-4